ZEITGESCHICHTLICHE BIBLIOTHEK

Band 1

Erich F. Sommer

Botschafter Graf Schulenburg

Der letzte Vertreter des Deutschen Reiches in Moskau

MUT-Verlag Asendorf

Herausgegeben von der
Zeitgeschichtlichen Forschungsstelle Ingolstadt

Die Bände der ZEITGESCHICHTLICHEN BIBLIOTHEK
werden von der Zeitgeschichtlichen Forschungsstelle Ingolstadt
herausgegeben. Sie erscheinen im
MUT-Verlag * Postfach 1 * D-2811 Asendorf * Tel.: 04253/566

1987

Satz und Gestaltung: Wintzek-Offsetdruck
Druck und Bindearbeit:
Enger GmbH, Willich 2
Printed in Germany
ISBN 3-89182-025-9

Inhalt

Graf von der Schulenburg
Aufnahme aus dem Jahre 1943

Vorwort des Herausgebers

In seiner Gedenkrede über die Opfer des Widerstandes gegen Hitler am 19. Juli 1984 im Auswärtigen Amt drückte Bundesaußenminister Hans-Dietrich Genscher sein Bedauern darüber aus, daß es noch keine zusammenfassende Würdigung der Widerstandskämpfer im Auswärtigen Dienst gebe. Mit Blick auf gelegentliche Kritik am Verhalten deutscher Diplomaten im „*Dritten Reich*" führte er bei dieser Gelegenheit wörtlich aus:

„*Daß nicht alle, die sich am 20. Juli 1944 erhoben, von vornherein gegen Hitler standen, nimmt ihrem Handeln und ihrem Mut nichts von seiner Größe. Eher offenbaren die verschiedenen Wege, die zum gemeinsamen Handeln führten, den Widerstreit von Gewissen und Eid, die tiefe Gewissensnot und letztlich auch die Verstrickungen, die in der einen oder anderen Weise zum Schicksal unseres ganzen Volkes wurden.*"

Und über den wohl prominentesten Diplomaten vor Roland Freislers „*Volksgerichtshof*" stellte der Bundesaußenminister für die Nachwelt fest:

„*Werner Graf von der Schulenburg hatte viele Jahre als Botschafter in Moskau alles versucht, um wenigstens zu einem erträglichen Verhältnis zur Sowjetunion zu kommen. Und dann kam es zum Hitler-Stalin-Pakt, der äußerlich die Erfüllung seiner beruflichen Wünsche war und im Kern und in der Auswirkung deren Verkehrung in das Gegenteil. Schulenburg wollte das Verhältnis zur Sowjetunion entkrampfen, um damit Europa ein Stück friedenssichernder Stabilität zu verschaffen. Hitler sah aber den Pakt als einen Baustein seiner Kriegsvorbereitungen. Schulenburg hat, als er sah, daß das Unglück anders nicht zu wenden war, sich vorbehaltlos dem Widerstand zur Verfügung gestellt.*"

In der Tat gehört Friedrich-Werner von der Schulenburg zu den hervorragendsten und eindrucksvollsten Persönlichkeiten der deutschen Diplomatiegeschichte.

Seit 1901 im Dienst, folgte er 1934 den großen deutschen Botschaftern in Moskau: Brockdorf-Rantzau, Nadolny und Dirksen. Sein enger Mitarbeiter, der spätere Botschafter Hans von Herwarth, bestätigt ihm *„einen ganz ungewöhnlichen Charme, mit dem er das Vertrauen und die Zuneigung jedes Menschen gewann, der mit ihm in Berührung kam"* und *„neben reichen Berufserfahrungen ein enormes Wissen und ein erstaunliches Gedächtnis"*, was den *„persönlichen Umgang mit ihm überaus reizvoll"* gemacht habe.

Seine *„ererbte Kunst der Menschenführung und die intuitive Kenntnis menschlicher Charaktereigenschaften prädestinierten ihn zum unvoreingenommenen Umgang auch mit den Sowjets. Freilich mußte seinem auf der Idee der Staatsräson und der Realpolitik Bismarck'scher Prägung begründeten Denken eine Ideologisierung der zwischenstaatlichen Beziehungen, wie sie in der Sowjetunion und, seit Hitler, auch in Deutschland üblich geworden war, unerträglich erscheinen"*.

Mit diesen Worten skizziert der Verfasser, Botschaftsrat a.D. Dr. Erich Franz Sommer, den verehrten Botschafter, dem er 1940 zum ersten Mal begegnete. Selbst von 1939 bis 1977 (zuletzt als Botschaftsrat der Deutschen Botschaft beim Heiligen Stuhl) in diplomatischen Diensten — von 1945 bis 1955 im berüchtigten *„Archipel GULag"* und in sowjetischen Gefängnissen —, gibt er im vorliegenden Buch einen tiefen Einblick in die dramatische Entwicklung insbesondere der Jahre 1934 bis 1941, in denen Schulenburg zwischen den beiden Diktatoren zu vermitteln und den Krieg zu vermeiden suchte.

Aus der genauen Kenntnis der sowjetischen Vorstellungen von Politik, Wirtschaft und Kultur — dem als Sohn baltendeutscher Eltern im Moskau des Jahres 1912 geborenen Verfasser von Jugend auf vertraut — sowie auf Grund zahlreicher dienstlicher wie persönlicher Berührungen mit dem Botschafter vermag Sommer ein Bild Schulenburgs und der Zeit zu entwerfen, das den Leser nicht nur fesselt, sondern auch die tiefe Tragik erkennen läßt, die mit den nüchternen Daten des 22. Juni 1941 und des 20. Juli 1944 unlösbar verbunden ist — oder wie es Hans von Herwarth treffend formuliert hat:

„Aus dem liebenswerten östlichen Weisen, der sich auf die Rolle des Beobachters beschränkt hatte, wurde ein zum Handeln entschlossener Mann. Es war Schulenburgs persönliche Tragik, daß sein Handeln zum Scheitern verurteilt war."

Das von Erich Franz Sommer gezeichnete Lebensbild des letzten Vertreters des Deutschen Reiches in Moskau hilft nicht nur die von Bundesaußenminister Genscher beklagte historiographische Lücke schließen, sondern eröffnet auch in sinnvoller Weise die von der ZEITGESCHICHTLICHEN FORSCHUNGSSTELLE INGOLSTADT und dem MUT-Verlag gemeinsam begründete *„Zeitgeschichtliche Bibliothek"*, in welcher vergessene Zeitzeugen und vernachlässigte Zeitgeschichte einen angemessenen Platz finden sollen.

Die profunde Sach- und Fachkenntnis des Autors wie auch die einfühlsame Bearbeitung des Manuskripts durch Karl-Theodor Kieser geben diesem Start die besten Möglichkeiten mit auf den Weg.

Möge er zu einem verdient großen Leserkreis führen!

Ingolstadt, im April 1987

Dr. Alfred Schickel
Leiter der Zeitgeschichtlichen
Forschungsstelle Ingolstadt

Rückschau

Als Mitte 1945 die Moskauer Straßen und Plätze vom Salutschießen der Siegesfeiern widerhallten, versuchten im Butyrka-Gefängnis einige Dutzend kriegsgefangener deutscher Offiziere, internierter Diplomaten, Staatsbeamter und Funktionäre der NS-Partei die eigentlichen Ursachen des Zweiten Weltkrieges, des Aufkommens und elenden Zusammenbruches des *„Dritten Reiches"* zu ergründen. Und während die Zellendecke im Widerschein des Feuerwerks ein buntfarbiges Wechselspiel bot, erhitzten sich die Gemüter der Insassen in einem nicht weniger abwechslungsreichen *„Wenn und Aber"*-Spiel.

Zwei Namen, die mit der Geschichte der deutsch-sowjetischen Beziehungen am engsten verknüpft waren, tauchten in den Erörterungen am häufigsten auf: Brockdorff-Rantzau und Schulenburg.

Ein Generalstäbler, der Familie Ludendorff verwandtschaftlich verbunden, glaubte zwar die Diskussion auf einen einfachen Nenner bringen zu können, indem er unumwunden erklärte: *„Daß wir, ob Diplomaten oder Militärs, nunmehr in ein Moskauer Zuchthaus eingeliefert worden sind, verdanken wir eigentlich der Kurzsichtigkeit meines Onkels Ludendorff. Er hat Lenin 1917 nach Rußland eingeschmuggelt, um den Krieg zugunsten Deutschlands zu entscheiden. Die Konsequenzen seines unbesonnenen Handelns haben seit der Revolution das russische Volk und zweieinhalb Jahrzehnte danach auch das deutsche zu tragen."* Zwei Verwaltungsbeamte aber, die zu verschiedener Zeit der deutschen Botschaft in Moskau angehört hatten, waren dagegen der einmütigen Meinung, daß eine Katastrophe zu vermeiden gewesen wäre, wenn die Bündnis- und Friedenspolitik Brockdorff-Rantzaus sich in der Weimarer Republik und die Verständnispolitik Schulenburgs in der Hitlerzeit durchgesetzt hätte.

Zur Charakterisierung der beiden Botschafter wußten diese im subalternen Sinne geschulten Beamten allerdings nichts weiter beizutragen, als internen Klatsch aus der „Domestiken"-Perspektive. Brockdorff-Rantzau hätte keine weiblichen Sekretärinnen geduldet, das Botschaftsgebäude höchst selten betreten, die Besucher ausschließlich in seiner Residenz empfangen, eine erlesene Zigarrensorte sei nach ihm benannt worden, Sekt und Cognac seien seine bevorzugten Getränke gewesen und statt sich mit Wasser zu waschen, hätte ihn sein Kammerdiener mit Kölnisch Wasser abgerieben. Tschitscherin, den sowjetischen Außenkommissar, hätte er stets um Mitternacht besucht und auch die Berichte und Depeschen seinem Privatsekretär Hencke und einem Konsulatssekretär nur zur nächtlichen Stunde diktiert. Hencke, einen Marineoffizier außer Diensten, hätte er nach dem Ersten Weltkrieg als Privatsekretär engagiert und in seinem Testament den Wunsch geäußert, daß derselbe nach seinem Tode ins Beamtenverhältnis übernommen würde. (Henckes Karriere endete mit einem Unterstaatssekretärposten unter Ribbentrop und dem Madrider Botschaftsposten bei Kriegsende.)

Über Schulenburg war zu erfahren, daß er sich von seiner Ehefrau getrennt habe (1910), in Baku eine junge russische Aristokratin kennengelernt und bei den Sowjetbehörden durchgesetzt hätte, daß sie ihm nach Teheran folgen durfte, wo sie auf Empfängen der deutschen Gesandtschaft mit großem Geschick die Hausfraupflichten übernommen habe. Während seiner Moskauer Botschafterzeit hätte er für seine Lebensgefährtin eine Wohnung in Berlin eingerichtet und diese auch im Kriege als Domizil beibehalten. Im übrigen sei er von den roten Kremlherren als *„unser Graf"* bezeichnet worden und hätte sich des höchsten Ansehens sowohl beim Botschaftspersonal wie bei den Sowjets erfreut.

Mir als einem erst seit 1939 im Auswärtigen Amt diensttuenden jungen Historiker, dessen Auffassungen vom Verantwortungsbewußtsein und Ethos seiner Disziplin in den Seminaren seiner Lehrer Schüßler, Elze, von Raumer, Rörig, Baethgen geprägt worden waren, erschienen derartige Berichte nicht wenig entmutigend. Aber ich war bereit, mir einzugestehen, daß das Anekdotische, das die Intimsphäre Berührende bei den Zeitgenossen und auch bei den nachfolgenden Generationen ein weit stärkeres Interesse erweckt, als die staatsmännische oder geistesgeschichtliche Leistung einer bedeutenden Persönlichkeit. Herodot, Plutarch, Sueton, Prokop, Einhard haben sich dieser Art der Geschichtsüberlieferung mit unbestreitbarem Erfolg bedient, und in deren Nachfolge hat der *„Treppenwitz der Weltgeschichte"* dafür gesorgt, daß historische Persönlichkeiten eher durch das Allzumenschliche, das ihnen anhaftete, beliebt und vertraut wurden, als durch das, was ihr eigentliches Lebenswerk ausmachte.

Warum sollte ich mich daher beschämt fühlen, daß auch meine eigene Erinnerung an Brockdorff-Rantzau — die eines Acht- bis Zehnjährigen — sich an sehr persönliche Begebenheiten knüpfte: an Gottesdienste in der Moskauer deutsch-lutherischen St. Petri-Pauli-Kirche, bei denen ihn mein Vater (der dem Kirchenvorstand angehörte) oftmals zu seinem Ehrenplatz geleitete; oder an seine Ansprachen an den Gräbern der in Moskau verstorbenen Kriegsgefangenen auf dem Lefortowo-Friedhof, der nichtorthodoxe Christen seit dem 17. Jahrhundert aufnahm. Für den Fünfzehnjährigen war es 1927 eine besondere Auszeichnung, daß er dem bis dahin aus gebotener Distanz oder auf den seinem Vater geschenkten Zigarrenschachteln bewunderten Diplomaten die Hand geben durfte und seine Reverenz mit einer Verbeugung und einem verlegenen „Kratzfuß" absolvierte. Ein freundliches Lächeln bewegte den schmalen Mund und Schnurrbart des Botschafters, als er den Bubenkopf mit seiner gepflegten schmalen Hand streichelte und fragte, ob ein Welpe vom letzten Wurf seiner Wolfshündin ein erwünschtes Geschenk sein könnte. Diese Begegnung entschied, daß ich — einer gewissen Weihe und Bestimmung bewußt — fortan die diplomatische Laufbahn anstrebte.

Botschafter Schulenburg begegnete ich im Sommer 1940 zum erstenmal, als ich eine deutsche Delegation dolmetschend von Berlin nach Moskau begleitete. In den sechs Jahren meiner Abwesenheit waren dort einschneidende Veränderungen vorgegangen. Mein Vater, der als loyaler Ingenieur die deutsch-sowjetischen Fabrikationsverträge erfüllte, hatte sein Leben inzwischen in einem Straflager bei Taschkent beendet. In meinem Elternhaus teilte ein halbes Dutzend Familien die Räume, in denen ich als Kind gespielt hatte, die Schulfreunde waren in alle Winde verstreut. Eingedenk der Beschattung, der jedes Delegationsmitglied ausgesetzt war, wagte ich es nicht, in Moskau jemanden anzurufen, geschweige denn zu treffen. Auf der Botschaft war jedoch nach wie vor Gustav Hilger, an Erfahrung und Sprachbeherrschung unübertrefflich und daher unabkömmlich, als Botschaftsrat tätig. Er begleitete Graf Schulenburg bei jedem Gespräch als Dolmetscher in den Kreml. In der ganzen westlichen Hemisphäre gab es kaum einen anderen Sowjetexperten wie Hilger, der jedes einzelne Mitglied der Regierung und Partei seit 1918 sowohl von persönlichen Begegnungen her wie aus einer durch Jahrzehnte vervollständigten und auf dem laufenden gehaltenen Personalkartei her kannte. Entsprechend seiner exakten und gründlichen Beamtennatur hatte Hilger seine Kartei als Gedächtnisstütze angelegt; denn als ehrlich überzeugter Befürworter eines deutsch-sowjetischen Einvernehmens hatte er nicht im entferntesten daran gedacht, kompromittierende Geheimniskrämerei zu betreiben, deren er nach 1945 von den Sowjetrussen bezichtigt wurde.

Dem Stab der Botschaft gehörte ein anderer hochqualifizierter Sowjetkenner und Befürworter der deutsch-sowjetischen Zusammenarbeit an, der ebenso wie Hilger in Rußland geborene Militärattaché General Ernst Köstring. Selbst in den Jahren der schärfsten antisowjetischen Propaganda, die auch die persönlichen Beziehungen zu seinen Duzfreunden unter den höchsten Rängen der Roten Armee, wie Woroschilow, Budjonny und Schukow, belastete, blieb er davon überzeugt, daß Deutschland auf ein freundliches Verhältnis zu seinem potentiell mächtigsten Nachbarn nicht verzichten dürfe. Der Pakt von 1939 schien neue und weit größere Möglichkeiten als selbst der Rapallo-Vertrag und die General von Seeckt'schen geheimen Zusatzklauseln zu eröffnen. Im Gegensatz zu dem im Gespräch sachlich-nüchternen und im gesellschaftlichen Verkehr stets zurückhaltenden Hilger war Köstring einer der liebenswürdigsten Gastgeber in Moskau. Sein Junggesellenhaushalt war durch die Schaschlik-am-Spieß-Frühstücke im Garten seiner Residenz im Arbatviertel bei Deutschen wie bei Russen gleicherweise bekannt. Seine eingehende Kenntnis russischer Kunst und Geschichte machten ihn zu dem anregendsten Gesprächspartner innerhalb des diplomatischen Korps. Man schenkte daher Schulenburg Glauben, wenn er scherzweise behauptete, wenn Hilger und Köstring etwas nicht wüßten, dann hätte es keinen Zweck, bei einem Fachgelehrten Auskunft einzuholen.

Schulenburg, der jedem russischen Gespräch mühelos folgen konnte und auch die russische staatsrechtliche Terminologie beherrschte, pflegte in der ihm eigenen „understatement"-Manier zu sagen, er sei des Russischen in ähnlicher Weise mächtig wie Bismarck, der sich in seiner Petersburger Botschafterzeit der „Kutscher"-Sprache bediente.

Der Botschafter begegnete dem jungen Dolmetscher mit ausgesprochen väterlichem Wohlwollen und versicherte, daß er sich seiner nach abgeschlossener Promotion in der Eigenschaft eines Kulturattachés in Moskau gern bedienen würde. *„Das einzige Gebiet, auf dem wir mit den Russen jederzeit und ohne Vorbehalte übereinstimmen"*, bemerkte er einmal mit einem Anflug von Ironie, *„ist die Hochschätzung der ‚Kultura', die die Russen ebenso wie wir nicht unbedingt als bare ‚Zivilisation' verstehen."* — Der unmittelbare Anlaß zu dieser Bemerkung war die von mir beobachtete seltsame Wandlung in den Auffassungen einiger snobistischer Mitglieder der deutschen Umsiedlungsdelegation. Als ich den Herren an einem verhandlungsfreien Tag vorschlug, das Bolschoi-Theater zu besuchen, meinten sie, die Opernbühnen in Berlin, Wien, Paris oder Mailand seien unübertrefflich. Moskau könne im besten Falle einen *„schwachen Abklatsch"* bieten. Sie erklärten sich aber schließlich einverstanden, eine Matinee des Moskauer Balletts zu besuchen. Durch Assafiews *„Der Gefangene im Kaukasus"* gerieten die Skeptiker jedoch in eine derartige Begeisterung, daß sie sich von den Sitzen erhoben, spontan Beifall klatschten und fortan keine Ballettaufführung im Bolschoi mehr missen wollten. Ein Parteifunktionär, der die *„Volksdeutsche Mittelstelle"* vertrat, verstieg sich sogar zu der Äußerung: *„Wir sollten eigentlich statt der Volksdeutschen aus Bessarabien und dem Buchenland das Moskauer Ballett umsiedeln."*

Im November 1940 begleitete Schulenburg die Molotow-Delegation nach Berlin. Auf dem Anhalter Bahnhof, in dem Gästehaus Belvedere und im Hotel Kaiserhof war ich Augenzeuge seines wortkargen, aber still beobachtenden Verhaltens. Ihn belastete ganz offensichtlich das enttäuschende Ergebnis dieses Staatsbesuchs. Als von Papen sich bei ihm während des Abschiedsempfanges im Kaiserhof nach den positiven Ergebnissen des Besuches erkundigte, bemerkte Schulenburg in meiner Hörweite: *„Das größte Hindernis für beide Teile bleibt der Balkan. Dem Umstande, daß wir uns über dessen Zugehörigkeit niemals einigen konnten, verdanken die Balkanstaaten ihr Weiterbestehen und Europa seine Balkanisierung."*

Etwa ein Jahr danach, als der Krieg auf die Sowjetunion ausgedehnt worden war und die deutschen Truppen tiefe

Einbrüche an der Südfront erzielt und auf dem Elbrus, an der Grenze von Georgien, die deutsche Fahne gehißt hatten, begleitete ich meinen damaligen Chef im Auswärtigen Amt, den Gesandten Dr. Hans Smend, zu einer dienstlichen Besprechung ins Hotel Adlon (Berlin). Nach dem Gespräch mit Mr. Naville, dem Vertreter des Schweizerischen Roten Kreuzes, welches die Betreuung der in Deutschland konfinierten Diplomaten der Feindstaaten betraf, begegneten wir in der Hotelhalle Graf Schulenburg, der sich gerade von einem auffallend eleganten, nicht nur gut gekleideten, sondern auch im Auftreten hoheitsvollen Ehepaar verabschiedete. Als Smend ihm zuwinkte, setzte er sich an den von seinem früheren Crew-Kameraden reservierten Tisch in der Bar. Wie Smend richtig vermutet hatte, handelte es sich bei dem „fürstlichen Paar" tatsächlich um den aus Paris angereisten Prätendenten auf den georgischen Königsthron. Die Dynastie der Bagrationi, die sich auf Ahnherren aus dem Hause des biblischen Königs David zurückführten, war 1801 bei dem unfreiwilligen Anschluß an das Zarenreich entthront und zwangsweise nach Rußland verbracht worden. Nach Meinung des späten Nachkommen des letzten Königs von Georgien hätte nunmehr die langersehnte Stunde der Wiedereinführung der Monarchie in der transkaukasischen Sowjetrepublik, der Heimat Stalins, geschlagen. Zu seiner großen Enttäuschung und kaum verborgenen Empörung wurde Prinz Bagrationi weder von Hitler noch von Ribbentrop empfangen. Da Schulenburg sowohl den Thronprätendenten wie dessen aus georgischem Uradel stammende Gattin, eine geborene Fürstin Orbeliani, von seiner konsularischen Tätigkeit in Tiflis (1918) her kannte und als Leiter des Rußland-Gremiums im Auswärtigen Amt ihnen empfohlen wurde, erhofften sie sich von ihm eine Vermittlerrolle. So gerne er auch als Königsmacher in die Geschichte eingegangen wäre, bemerkte Schulenburg scherzend, sein Einfluß reiche nicht einmal bis zum Vorzimmer von Ribbentrop.

Seine und Hilgers Expertentätigkeit im Rußland-Gremium war vornehmlich auf die Registrierung von Fakten und eine Analysierung der Reaktionen auf Hitlers Ostpolitik in der Weltöffentlichkeit beschränkt. Er war daher wie kein anderer geeignet, in dem 1944 sich abzeichnenden *„moment of truth"* das Angebot der Verschwörer anzunehmen, nach einer Beseitigung des Hitlerregimes Außenminister zu werden und Friedensverhandlungen sowohl mit dem Westen wie mit dem Osten zu führen. Er wäre zweifelsohne auch für den Kreml ein akzeptabler Unterhändler gewesen.

Im Jahre 1944 hatte ich sehr viel häufiger Gelegenheit, Graf Schulenburg zu begegnen. Sein Rußland-Gremium wurde nicht mehr als kriegswichtig erachtet, und da die Amtsgebäude in Berlin durch die Bombenangriffe stark beschädigt und die Amtsräume knapp geworden waren, verfügte Ribbentrop eine Verlegung von Grundsatzreferaten und nichtkriegswichtigen Arbeitseinheiten nach Krummhübel im schlesischen Riesengebirge. In dem grünen Waldtal unterhalb der Schneekoppe bezog Schulenburg in einem Fremdenheim sein *„Ausweichquartier"*, von wo er nur gelegentlich nach Berlin oder ins Hauptquartier beordert wurde. Es gab keine Zukunftsplanung mehr für die Ostgebiete, sondern nur noch eine Rückzugsstrategie und in diesem Zusammenhang gewannen auch die Berichte der Sowjetpresse immer mehr an Bedeutung.

Schulenburg dagegen schien der Zukunft wieder mehr Vertrauen zu schenken. Als einer der höchstbezahlten deutschen Diplomaten hatte der im Grunde seines Wesens durchaus auch romantisch veranlagte Graf es sich leisten können, einen alten Jugendtraum zu verwirklichen. 1936 hatte er die Ruine Falkenberg/Oberpfalz, die der Staat gern veräußerte, erworben und sie unter fachmännischer Anleitung der Denkmalspfleger originalgetreu wiederaufbauen lassen. Seit 1939 war er dabei, die Inneneinrichtung seiner

„Burg" (die sich noch heute im Besitz seiner Erben befindet und zur Besichtigung freigegeben ist) stilgerecht, aber dennoch wohnlich herzurichten und laufend zu ergänzen. Sein Interesse galt jetzt dem Ankauf von antiken Möbelstücken, wozu die in Krummhübel und Umgebung befindlichen Depots mit dem aus aufgelösten Auslandsmissionen eingelagerten Mobiliar günstige Möglichkeiten boten. Schulenburg erwarb daher, was kein anderer Beamter in einer Stadtwohnung unterbringen konnte: Gotische und Renaissance-Truhen, Tische, Bänke, Gebetspulte, Chorgestühl. *„Für die Eingangshalle, die Erker und Kemenaten genau das Richtige"*, erklärte er mit Kennerblick, als ich ihn bei einer Besichtigung begleitete. Mit der Einladung: *„Wenn Sie mich nach meiner Pensionierung einmal besuchen, können Sie das nächste Mal in diesem Sessel sitzen"*, äußerte er mir gegenüber sein unvermindertes Wohlwollen. *„Und Sie erzählen mir dann, was es Neues in Moskau gibt"*, schloß er zuversichtlich, eingedenk seines einstmaligen Versprechens, mich als Kulturattaché an die Botschaft zu holen. Er war mehr denn je davon überzeugt, daß man mit der Sowjetunion zu einem Verständigungsfrieden gelangen könne. Und selbst nach dem 20. Juli 1944 blieb er hinsichtlich eines deutsch-sowjetischen Friedensschlusses zuversichtlich. Zum letzten Mal traf ich ihn, als er seinen Crew-Freund und meinen als Vorbild bewunderten Chef, den Gesandten Hans Smend, und mich zu einem Frühstück in das Krummhübler Hotel mit dem verheißungsvollen Namen *„Zum goldenen Frieden"* einlud.

Über die Chancen eines Friedensschlusses sprach er zurückhaltend, vom nahenden Kriegsende war er überzeugt. Im Verlaufe des Gespräches wiederholte er das oftmals kolportierte Bonmot: *„Im Führerhauptquartier wartet man nur noch auf den Tod der Zarin Elisabeth"* (der 1762 Preußen von der russischen Gegnerschaft befreite und zum Siege verhalf).

Kurz nach dieser Begegnung im Oktober 1944 kam eines Morgens die Sekretärin Schulenburgs verzweifelt und in Tränen aufgelöst in die Diensträume des Gesandten Smend. Sie berichtete, daß Graf Schulenburg mitten in der Nacht mit zwei Gestapobeamten aus Berlin angereist gekommen sei; sein Dienstzimmer und seine Privatwohnung seien stundenlang durchsucht und jedes beschriebene Stück Papier sei beschlagnahmt worden. Schulenburg habe sich äußerst beherrscht verhalten und um Verständigung seiner Angehörigen gebeten. Er befände sich in Untersuchungshaft in der Prinz-Albrecht-Straße in Berlin. Wie es sich alsbald herausstellen sollte, erfolgte seine Verhaftung als Mitwisser des Befreiungsversuches vom 20. Juli 1944, und zwar erst nach der Festnahme von Gördeler. Befragt nach dem Memorandum, in welchem er die Grundlinien für ein demokratisches Regierungsprogramm dargelegt hatte, gestand Gördeler beim Verhör, dasselbe hätte sich in einem Safe im Berliner Hotel Bristol befunden. Da dieses Hotel während eines Treffens von Ritterkreuzträgern von britischen Fliegern zerstört worden war, war Gördeler der berechtigten Auffassung, daß auch das Safe vernichtet worden sei. Der Stahlschrank wurde aber von der Gestapo unversehrt in den Ruinen aufgefunden und aus den Marginalien am Rande des unversehrten Memorandums ergab sich, daß dieses von zwei Beamten des Auswärtigen Dienstes kommentiert worden war, den Botschaftern Schulenburg und von Hassel.

„. . . *dem rad, das niederrollt,*
zur leere, greift kein arm mehr in die speiche . . ."

sah Stefan George voraus, von dessen dichterischer Sehergabe der Attentäter Claus Graf Stauffenberg erfüllt war. Das niederrollende Rad riß aber auch jene Beherzten und Wagemutigen mit sich, die es vor dem Abgrunde aufzufangen versuchten.

Ende November 1944 erhielt Comtesse Schulenburg, die Tochtes des inzwischen hingerichteten Botschafters, als Erbberechtigte die Erlaubnis, seine persönlichen Effekten in Krummhübel abzuholen. Sein sonstiges Vermögen und auch die Burg Falkenberg waren beschlagnahmt worden, nachdem der Graf kurz nach seiner Verhaftung aus dem Beamtenverhältnis ausgestoßen und nach der Verurteilung der bürgerlichen Rechte für verlustig erklärt worden war. Aus den Mitteilungen der Comtesse ging hervor, daß sie aus dem Gefängnis von einem wohlwollenden Wachsoldaten einige Abschiedsworte erhalten hatte, die ihr Vater auf das Staniol einer Schokoladenverpackung eingeritzt hatte. Sie wußte auch darüber zu berichten, daß ihrem Vater nahegelegt worden sei, ein Gnadengesuch an Hitler zu richten; er hätte dies aber abgelehnt; die unerbetene „Gnade" des Diktators bestand darin, daß der letzte Botschafter des Deutschen Reiches in Moskau nicht wie die anderen Opfer des 20. Juli stranguliert, sondern erschossen wurde.

Ein Grandseigneur und Patriot

Als Friedrich-Werner Graf von der Schulenburg Ende 1934 im Kreml sein Beglaubigungsschreiben als Botschafter des Deutschen Reiches übergab, wagte kein Mitglied des Politbüros, Stalins Alleinherrschaft und alleingültige Machtbefugnis infrage zu stellen. Kein Parteifunktionär, ob in Moskau oder in einer weltvergessenen Ortschaft Ostsibiriens oder Turkestans, war seines Amtes oder Lebens mehr sicher. Die Säuberungsaktionen, die 1934 in Partei, Heer, Verwaltung und Wirtschaft einsetzten, dauerten ununterbrochen bis 1938 an.

Die Erfahrungen im eigenen Lande, die vor allem in der Art der Abrechnung Hitlers mit vermeintlichen oder wahren Gegnern vom Juni 1934 gründeten, trugen bei dem neuen Botschafter sicherlich zu der Erkenntnis bei, daß es in der Natur einer jeglichen Diktatur liegt, sich durch Gewaltaktionen und blutigen Terror zu behaupten und zu bestätigen. Er verband aber diese Einsicht mit der Überzeugung, daß der Friede um jeden Preis gewahrt bleiben müßte. Das deutsch-sowjetrussische Verhältnis sollte zumindest auf der zwischenstaatlichen Ebene von dem Odium des Mißtrauens und des sich verschärfenden ideologischen Kampfes freigehalten werden.

Der deutsche Auswärtige Dienst hatte nach der Revolution von 1918 keinen völligen Umbruch und keine Umgestaltung an Haupt und Gliedern erlitten wie der russische; die Traditionen der im Bismarck-Zeitalter begründeten deutschen — und vorhergegangenen preußischen — Diplomatie blieben bis in die ersten Kriegsjahre 1939/41 unangefochten. Und wenn man schon mit Stalin in keiner gemeinsamen Sprache reden konnte und unter diplomatischen Praktiken Verschiedenes verstand, das unverrückbare Ziel und die ethische Aufgabe seiner Mission sah Schulenburg in der Erhaltung des Friedens zum Wohl des deutschen Volkes und der Völker der Sowjetunion.

In seiner 1953 veröffentlichten Untersuchung „*Wege und Irrwege der Diplomatie*" gelangt W. v. Blücher zu der Feststellung, daß weder die fünfzigbändige Publikation des Auswärtigen Amts über die Zeit von 1871 bis 1918 noch die vierbändige Sammlung „*Akten zur deutschen auswärtigen Politik 1918 - 1945*", die von gegnerischer Seite herausgegeben worden ist, einen einzigen Bericht deutscher Berufsdiplomaten enthält, der auf kriegerische Absichten oder Denkweisen des Verfassers schließen ließe. Bestätigt würde diese Tatsache auch durch die Äußerung Hitlers gegenüber dem Grafen Schulenburg, der im Frühjahr 1941 vor einem Krieg mit der Sowjetunion gewarnt hat: „*Meine Diplomaten sind immer gegen den Krieg.*"

Der Auftrag dieses letzten Botschafters des Deutschen Reiches in Moskau war daher einer der schwierigsten, der je einem Diplomaten zugewiesen war: den seelischen und nervlichen Belastungsproben zweier Diktaturen gewappnet zu sein, sich gewissermaßen als Bremsklotz zwischen zwei Mühlsteinen zu behaupten, um deren Aufeinanderprallen zu verhindern.

In dem Ringen um die Vorherrschaft zwischen Ost und West stand Anfang des 18. Jahrhunderts schon einmal ein Schulenburg, der venezianische Feldmarschall Johannes Matthias, an einer entscheidenden Nahtstelle des westlichen Verteidigungsgürtels. Damals galt es, eine außereuropäische Macht, die Türkei, von Venedig und vom Heiligen Römischen Reich abzuwehren. Korfu, die griechische Insel im Ionischen Meer, die den Zugang zu Venedig sicherte, verteidigte er gegen eine türkische Übermacht. Noch zu Lebzeiten wurde ihm auf Korfu ein Denkmal gesetzt. Der Nachfahre trug unter seinen sieben Vornamen auch die des berühmten Türkenkriegshelden; er teilte aber auch dessen hervorragendste Charakterzüge: Unerschrockenheit, Mannesmut, Treue, Beharrlichkeit und Zuverlässigkeit.

Schulenburg wurde am 20. November 1875 als Sohn des in preußischen und braunschweigischen Diensten stehenden späteren Oberstleutnants Bernhard Graf v. d. Schulenburg in Kemberg (Provinz Sachsen) geboren. Seine Mutter war eine geborene Freiin v. Werdenfels. In der Altmark, im Braunschweigischen und Hannoverschen beheimatet, haben die Schulenburgs in der Geschichte Preußens oftmals eine wesentliche Rolle gespielt.

Bis 1894 besuchte Friedrich-Werner ein Gymnasium in Braunschweig, diente danach als Einjährig-Freiwilliger und studierte anschließend in Lausanne, Berlin und München Jura. 1901 wurde er zur Vorbereitung für die konsularische Laufbahn in das Auswärtige Amt einberufen. In Ermangelung eines nachweisbaren jährlichen Einkommens von 15.000 Mark — eine Barriere, die in der Kaiserzeit auch verarmten Adelsfamilien den Zutritt zum diplomatischen Dienst versperrte — schlug Schulenburg zunächst die von diesem damals getrennte konsularische Karriere ein. Deren Anfänge schienen ihn für Westeuropa zu prädestinieren: beim Generalkonsulat Barcelona wurde er zum Vizekonsul ernannt. 1906 jedoch übernahm er die Leitung des Konsulats in Lemberg, ging nach Prag, von dort interimistisch für wenige Wochen nach Neapel und sodann an das Generalkonsulat in Warschau (1907 bis 1911). Osteuropa und der Nahe Osten wurden von nun an seine ausschließlichen Verwendungsgebiete. Der häufige und kurzfristige Wechsel der Dienstorte war für jüngere Beamte kein Ausnahmefall; die Zentrale brauchte sie, um Urlaubslücken auszufüllen, und versprach sich außerdem für die Ausbildung eine größere Flexibilität und Anpassungsfähigkeit.

Schulenburgs Denken war nicht dialektisch geprägt, sondern von der Staatsraison und dem kategorischen Imperativ eines in preußischer Tradition ausgebildeten Diplomaten bestimmt. Sein Geschichtsbild blieb aber frei von der kleindeutschen Einengung durch Treitschke, Sybel und deren Nachfolger, die eine Erweiterung des deutschen Nationalstaates ausschlossen. Die Unruhe und Ungeduld jener Deutschstämmigen, die nach 1871 und nach 1918 als Minderheiten in Nachbarstaaten und außerhalb der deutschen Reichsgrenzen verblieben und deren zentripetale Energien auf eine Vereinigung mit dem Kernlande gerichtet waren, erschienen ihm daher nicht unberechtigt. Befremdend wirkte auf ihn nach 1933 lediglich, daß die Signatarmächte von Versailles und St. Germain sich nur dann zu Zugeständnissen bereit erklärten, wenn Hitler sie *„übers dienstfreie Wochenende"* vor vollendete Tatsachen stellte und Verhandlungen durch Gewaltakte unterbrach.

Schulenburg gehörte nicht zu jenen übertrieben regsamen Diplomaten, die durch Reformvorschläge, kritische Artikel oder gar programmatische Bücher aufzufallen streben; in der Erfüllung seiner dienstlichen Pflichten wurde ihm eine geradezu militärische Disziplin nachgesagt. Ebensosehr wurde allerdings von den ihm im Dienst Untergeordneten seine einfühlsame Nachsicht, sein wohlwollendes Grandseigneur-Verhalten auch gegenüber den niedrigsten Diensträngen und bescheidensten Bittstellern hervorgehoben. Seine ritterliche Courtoisie gegenüber Frauen war sogar sprichwörtlich geworden. Sein späterer Botschaftsrat in Moskau, Gustav Hilger, bestätigt in seinen Memoiren, daß Schulenburg *„nur Freunde und überhaupt keine Feinde hatte"*.

„Er besaß einen ganz ungewöhnlichen Charme, mit dem er das Vertrauen und die Zuneigung jedes Menschen gewann, der mit ihm in Berührung kam. Dabei verfügte er neben seinen reichen Berufserfahrungen über ein enormes Wissen und ein erstaunliches Gedächtnis. Das machte den persönlichen Umgang mit ihm überaus reizvoll." (v. Herwarth, damals Legationsrat bei der Botschaft).

Die ererbte Kunst der Menschenführung (ein Werner v. d. Schulenburg wird schon 1190 als Kreuzritter bei der Belagerung von Akkon genannt), die intuitive Kenntnis menschlicher Charaktereigenschaften und Reaktionen prädestinierten ihn zum unvoreingenommenen Umgang auch mit den Sowjets.

Als das Auswärtige Amt die Botschaft beauftragte, die Rücknahme einer bestimmten sowjetischen Repressionsmaßnahme durchzusetzen, plauderte Schulenburg mit Litwinow zunächst über belanglose Dinge. Ganz nebenbei bemerkte er, durch einen Diplomaten von einer angeblich bevorstehenden sowjetischen Maßnahme erfahren zu haben, die von der deutschen Regierung als unfreundlicher Akt angesehen werden müsse. Er habe jedoch entgegnet, sein Freund Litwinow sei ein Gentleman und würde so etwas nie zulassen. Darauf habe Litwinow geantwortet: *„Ich danke Ihnen, mein lieber Freund. Sie haben natürlich recht. Ich freue mich, daß Sie für mich eingetreten sind.”* Auf eine spitze Bemerkung des US-Botschafters Josef Davies, daß ausgerechnet der Vertreter NS-Deutschlands in Moskau besonders freundlich behandelt werde, hätte Litwinow geantwortet: *„Wir mögen ihn und können nicht nein zu ihm sagen.”* In diesem Zusammenhang bemerkt Herwarth:

„Auch in Berlin war Schulenburg so beliebt, daß ihm fast jeder Wunsch erfüllt wurde. So hatte er die Möglichkeit, Hitler zu sehen, wenn er es für nötig hielt. Während die Begegnungen zwischen Hitler und Nadolny von wilden Temperamentausbrüchen begleitet waren, hütete sich Schulenburg, seine Gefühle offen zu zeigen ... (sein) Interesse galt nicht so sehr den Institutionen und Prinzipien, sondern vielmehr dem einzelnen Menschen, der dahinter stand. Er war stets bereit, die guten Eigenschaften im Menschen zu suchen und sie zu nutzen, ohne dabei ihre Schwächen zu übersehen. Dies ermöglichte ihm, Beziehungen zu Perso-

nen zu knüpfen, mit denen er sonst wenig Gemeinsames hatte. Wir, die wir täglich mit ihm zu tun hatten, sahen in dieser positiven Einstellung zu den Menschen auch eine Schattenseite. Er begegnete allen mit der gleichen Freundlichkeit, und die, die ihm besonders nahe standen, waren oft enttäuscht, daß er keinen Unterschied machte zwischen wirklich guten Freunden und beinahe Unbekannten oder auch solchen, die seine Freundschaft nicht verdienten. Schulenburg ging nur selten in die Kirche (bis 1934 bestand in Moskau noch die lutherische St. Petri-Pauli-Gemeinde), aber sicher entsprang seine menschliche Güte seiner christlichen Einstellung. Für ihn war der Mensch ein Geschöpf Gottes und einen Menschen zu beleidigen, war eine Beleidigung des Schöpfers."

In seiner stillen, unaufdringlichen Art begnügte sich Schulenburg mit einem verhältnismäßig langsamen Aufstieg in der Beamtenhierarchie. Keinem seiner „*Crew*"-Kameraden nahm er es übel, wenn derselbe ihn auf der Beamtenleiter um eine oder zwei Stufen überholte. Mit 36 Jahren wurde Schulenburg 1911 von Warschau nach einer anderen „*russischen Provinz*", der Hauptstadt Georgiens, Tiflis (georgisch: Tbilissi), als kaiserlicher Konsul versetzt. Auf diese Weise lernte er wie nur wenige Deutsche die Grenzprobleme des russischen Reiches kennen; denn die selbstbewußten Polen im Westen und die auf ihre heroische, mehr als 2000jährige Vergangenheit nicht wenig stolzen Georgier gehörten zu den aufsässigsten Völkern, die von den Zaren Ende des 18. und Anfang des 19. Jahrhunderts in ihr Imperium zwangsweise einverleibt worden waren.

Aus Georgien stammte auch Jossif Stalin, dessen Diktatur seine georgischen Landsleute gerne als „*die Rache Georgiens an Rußland*" bezeichneten. Drei Jahre bevor Schulenburg deutscher Konsul in Tiflis wurde, war Stalin an einem blutigen Bankraub in der georgischen Hauptstadt beteiligt, um die bolschewistische Parteikasse aufzufüllen. Den untergründigen Kampf der Sozialisten und Nationalisten gegen das Zarenregime hat Schulenburg sowohl in Warschau wie in Tiflis beobachten können. Er dürfte jedoch beiden Gruppen keine allzu großen Chancen einer Verwirklichung ihrer Kampfziele eingeräumt haben; denn als „*besonders tüchtiger und aktiver Konsul*" kannte er die Verhältnisse gut, unterhielt er doch „*enge gesellschaftliche Beziehungen zur georgischen Intelligenz*" und war daher „*über deren politische Vorstellungen und Ideale genau unterrichtet*" (W. v. Blücher in „*Rapallo*").

1914 - 1918

Der Ausbruch des Ersten Weltkrieges überraschte Schulenburg in Berlin. Ein Jahr lang leistete er Dienst bei der Truppe in Frankreich. Im August 1915, d. h. nach Erstarrung der Westfront, wurde er jedoch für eine besondere Verwendung im Auswärtigen Amt reklamiert und zum deutschen Konsul auf der türkischen Seite der Kaukasusfront, in der Grenzstadt Erzerum, ernannt. Die Türken, die einst West- und Mitteleuropa bedrohten, und vor deren Zugriff Schulenburgs berühmter Vorfahre Korfu bewahrte, gehörten nunmehr zu den zuverlässigsten Bundesgenossen der Mittelmächte.

Die halb diplomatische, halb militärische Tätigkeit des Grafen erstreckte sich in den letzten Kriegsjahren auf den gesamten Nahostsektor, auf Beirut, Damaskus, Nazareth (als Sitz einer deutsch-türkischen Heeresgruppe), Haifa, Akkon, Konstantinopel. Da eine Schwächung des Zarenreiches durchaus im Interesse des kriegführenden Deutschlands und seiner Verbündeten lag, wurde in Berlin unter anderen Maßnahmen auch eine Unterstützung der zentrifugalen Bestrebungen der in ihrem Eigenleben von der Russifizierung bedrohten nationalen Minderheiten ins Auge gefaßt. Unter Schulenburgs Mitwirkung wurde daher ein georgisches Nationalkomitee gegründet, in welchem der mit einer bekannten Filmschauspielerin verheiratete Fürst Matschabelli eine herausragende Rolle spielte. Darüber hinaus wurde aus Kriegsgefangenen und Überläufern eine *„Georgische Legion"* aufgestellt und ein georgischer Kriegsverdienstorden gestiftet, *„der durch Größe und Pracht alle deutschen Kriegsdekorationen in den Schatten stellte" (W. v. Blücher, a. a. O.).* Die Legion wurde dem Kommando Schulenburgs unterstellt und nach Anatolien befördert, um sich dem geplanten Vormarsch der türkischen Armee anzuschließen. Ehe jedoch die Georgier die Front erreichten, wurde die türkische Armee geschlagen und wich vor den vorrückenden Russen bei Kars und Erzerum zurück.

Entlassene georgische Kriegsgefangene nahmen das Studium an deutschen Universitäten auf; unter ihnen befand sich auch der junge Historiker Alexis Svanidse, ein Mitschüler und Freund aus dem Nachbardorf des Josef Dschugaschwilli (dem Lenin später den Namen Stalin, „*der aus Stahl*", geben sollte). Im Priesterseminar von Tiflis gehörten beide einer sozialdemokratischen Schülerorganisation an. Stalin heiratete 1903 Svanidses schöne und sanftmütige Schwester Keke, eine überzeugte Christin. Bereits 1907 starb sie an Tuberkulose. Sie wurde nach orthodoxem Ritus beigesetzt und Stalin soll dabei geäußert haben: „*Sie war das einzige Wesen, das mein hartes Herz rühren konnte... mit ihr ist jedes Gefühl für die Menschen in mir gestorben.*"

Dies zeigte sich nicht nur in Stalins Terrorregime, dem Millionen Menschen zum Opfer fielen, sondern auch in seinem Verhalten gegenüber seinem Schwager Svanidse, der in den 30er Jahren nationalistischer Umtriebe bezichtigt und hingerichtet wurde. Nach Chruschtschows Zeugnis soll dieser sich geweigert haben, Stalin um Gnade zu bitten, da er sich keiner Schuld bewußt sei. Diese stolze und trotzige Haltung hätte Stalin als „*georgische Nationaltugend*" ungewöhnlich imponiert.

Jakob, der Sohn aus Stalins Ehe mit Keke Svanidse, geriet 1941 als Leutnant in deutsche Kriegsgefangenschaft und erstaunte Göring, der ihn nach Karinhall bringen ließ, durch seine unbeugsame Haltung. Er bestritt zwar, irgendwelche parteipolitischen Ambitionen zu haben, äußerte aber seine Überzeugung, daß die Sowjetunion aus dem Krieg als dominierende Weltmacht hervorgehen würde. Im Prominentenlager von Oranienburg beging er 1944 Selbstmord; ungewiß bleibt, ob dies aus Furcht vor dem Vater geschah, der ihn wegen der Gefangennahme verdammte, oder aus der Befürchtung, von den Deutschen bei den Kapitulationsverhandlungen als Geisel mißbraucht zu werden.

1916, nach dem Rückzug der türkischen Armee an der Kaukasusfront (Januar/Februar) wurde die *„georgische Spielkarte"* vom deutschen Generalstab und der Reichsregierung keineswegs aus dem Verkehr gezogen; sie fand im Untergrund Verwendung. Mitglieder des Georgischen Komitees wurden von Konstantinopel aus mit deutschen U-Booten an der georgischen Schwarzmeerküste an Land gesetzt, um im Landesinneren Propaganda für eine Loslösung vom Zarenreich zu betreiben. Nach Meldungen der Emissäre fiel sie auf fruchtbaren Boden.

Kalkulierbare Möglichkeiten für die Wiederherstellung eines georgischen Freistaates eröffneten sich allerdings erst nach dem Sturz des Zarenregimes (März 1917) und der bolschewistischen Machtergreifung (November 1917). In den von Lenin eingeleiteten Friedensverhandlungen mit Deutschland und Österreich-Ungarn (Januar-März 1918) verzichtete Sowjet-Rußland — unter Anerkennung des Selbstbestimmungsrechts — u. a. auf Transkaukasien. Mit dem *„Raubfrieden"*, wie Lenin den Friedensvertrag von Brest-Litowsk bezeichnete, schuf er sich eine *„unverzichtbare Atempause"*, um die sozialistische Revolution fortzusetzen und zu festigen. *„Als ihm der Vertragstext vorgelegt wurde, schob er ihn mit den Worten: ‚Ich werde ihn weder lesen noch seine Klauseln erfüllen' beiseite."*

Durch den deutsch-sowjetischen Vertrag von Brest-Litowsk wurde die territoriale Begehrlichkeit der Türkei auf Transkaukasien und die Krim nur weiter gefördert. Mit dem transkaukasischen Staatenbund, der sich nach der russischen Revolution gebildet hatte, kam es im April 1918 zu einem bewaffneten Konflikt, der zu einer Besetzung Aserbaidschans, Armeniens und der georgischen Hafenstadt Batum durch türkische Truppen führte. Ludendorff empfahl dem Auswärtigen Amt, auf der Grundlage zu vermitteln, daß die Türkei auf die von Christen bewohnten Gebietsteile Georgiens verzichte. Die einzige Vollsitzung der von den Türken nach Batum einberufenen Konferenz fand am 11. Mai statt. Als Vertreter der Reichsregierung wurde aber kein Berufsdiplomat, sondern der deutsche Militärbevollmächtigte in Pera (Konstantinopel), Generalmajor von Lossow, ausersehen, dem als Vertreter des Auswärtigen Amts Legationsrat Graf Schulenburg unterstellt wurde.

Die Instruktionen der Wilhelmstraße gingen dahin, die türkischen Wünsche auf die Vertragsklauseln von Brest-Litowsk einzuschränken und die deutschen wirtschaftlichen Interessen im Kaukasus zu wahren. Die deutsche Delegation vermochte aber den türkischen Forderungen nicht zu widerstehen. Die türkische Besatzungsmacht in Batum bekämpfte nämlich mit allen ihr zur Verfügung stehenden Mitteln, einschließlich der Störung des Telegrammverkehrs, die *„deutsche Einmischung"*. Angesichts der türkischen militärischen Aktionen erklärten Georgien, Armenien und Aserbaidschan ihre Selbstständigkeit. Lossow hatte seinerseits deutsche Truppen zum Schutz der georgischen Republik angefordert und kehrte *„voller Zorn"* gegenüber den Türken per Schiff nach Deutschland zurück. Vor seiner Abreise hatte die nach Poti übergesiedelte deutsche Delegation mit Tschenkeli, dem Hauptvertreter Georgiens, am 28. Mai ein provisorisches Abkommen abgeschlossen. Das angeforderte deutsche Truppenkontingent wurde darin ausdrücklich als Lehrtruppe für die Organisation der georgischen Streitkräfte und als Wachtruppe für die Eisenbahn Alexandropol-Dschulfa angekündigt. Die Ausarbeitung dieses Vertrages war ausschließlich ein Werk Schulenburgs, der nach Lossows Abreise als diplomatischer Vertreter Deutschlands in Georgien verblieb. Als Lossows Nachfolger wurde in Berlin allerdings wiederum kein Berufsdiplomat, sondern der ehemalige Armeeführer in Palästina, General Kress von Kressenstein, bestimmt.

Lossow war indes mit einer georgischen Delegation unter Tschenkeli in Berlin eingetroffen, die nach der de facto Anerkennung von Poti sofort mit politischen und wirtschaftlichen Verhandlungen begann. Im Juli kam es zum Abschluß eines Kreditabkommens sowie eines Vertrages mit deutschen Industriekonzernen zur Gründung gemischter Manganbergbau-, Eisenbahn- und Hafenbetriebsgesellschaften.

Kress von Kressenstein traf in Tiflis mit einem Zivilstab sowie einem Jägerbataillon ein, wo ihn Schulenburg als Orts- und Sachkundiger empfing. Politisch galt Georgien als ein *„interessantes Experimentierfeld"* (Blücher), denn nach der Niederlage der Sozialdemokratie (Menschewiki) in Rußland verstanden es deren georgische Gesinnungsgenossen, sich in dem Agrarland (80 % der Bevölkerung waren Bauern) mit geringer Industriearbeiterschaft ohne jeden Terror und mit parlamentarisch-demokratischen Mitteln an der Macht zu halten. Lenin und Stalin — als Kommissar für nationale Minderheiten — war das ein Dorn im Auge, der II. Internationalen galt dies als eine Bestätigung ihres demokratischen Sozialismus. Die drei maßgeblichen georgischen Sozialisten, Staatspräsident Jordania, ein weißbärtiger Pater patriae, Innenminister Ramischwili, Außenminister und Parteivorsitzender Tschenkeli, verbanden in der Verwaltung des Landes *„Überzeugungstreue mit Tatkraft und Mäßigung"* (Blücher). Die Agrarreform wurde zwar ohne Entschädigung der Großgrundbesitzer durchgeführt; aber den vormaligen Besitzern wurde ein Bauernhof mittlerer Größe belassen. Äußerste Zurückhaltung wurde auch bei der Verstaatlichung von Industrieunternehmen geübt.

Kress, Schulenburg und der deutsche Zivilstab mischten sich in die inneren Verhältnisse nicht ein, solange deutsche Interessen nicht berührt wurden. Zum Interessenkonflikt, ja sogar zum gelegentlichen Kugelwechsel kam es dagegen zwischen den Deutschen und den Türken. Der deutsche Zivilstab unterstützte die Regierung in der Pazifizierung des Landes, im Aufbau des jungen Staatswesens sowie des deutsch-georgischen Wirtschaftsverkehrs.

Die Mission Kress/Schulenburg *„fand in Tiflis derartigen Anklang, daß georgische Politiker allen Ernstes die Frage vorbrachten, ob Georgien nicht als deutscher Bundesstaat in den Verband des Deutschen Reichs aufgenommen werden könnte"* (Blücher).

Für eine derartige *„Expansionspolitik"* war allerdings weder im Auswärtigen Amt noch in der Obersten Heeresleitung irgendjemand zu gewinnen, um so mehr als am Horizont sich bereits ein politische und militärische Niederlage Deutschlands abzeichnete. Die unmittelbare Folge der Waffenstillstandsverhandlungen und der Novemberrevolution von 1918 war, daß Kress, Schulenburg, der Zivilstab sowie das Jägerbataillon in Kriegsgefangenschaft gerieten und über Konstantinopel nach Deutschland zurückgeschafft wurden. Die georgische Regierung sah sich gezwungen, der Machtverschiebung Rechnung zu tragen und sich von ihrer deutschen Orientierung auf die Entente umzustellen. *„Immerhin blieb Georgien — ebenso wie Finnland — ein Staat, in dem die Besetzung durch deutsches Militär nicht zu Konflikten, sondern zu einem guten Verhältnis zwischen Besatzungsmacht und Bevölkerung geführt hat... In allen Kreisen dachte man (an die Deutschen) mit Sympathie zurück und innerhalb der Regierung ebenso wie beim Volke war Deutschfreundlichkeit festzustellen"* (Blücher).

Wie nachhaltig diese Verbundenheit wirkte, beweist folgendes Erlebnis. Im Sommer 1935, als Stalins terroristische Alleinherrschaft sich konsolidiert hatte und selbst die ergebensten Funktionäre ständig um ihr Leben bangten, erfuhr Schulenburg in Georgien eine ungewöhnliche Ehrung. Hans von Herwarth, der seinen Botschafter und dessen Tochter Christa auf dieser Dienstreise begleitete, erinnert sich („*Zwischen Hitler und Stalin*", 1982), daß der damalige georgische Ministerpräsident Budu Mdivani, der einer Fürstenfamilie entstammte, die Schulenburg von seiner konsularischen Tätigkeit in Tiflis (1918) her kannte, zu einem Festessen einlud. Bis in die Morgenstunden wurde der deutsche Botschafter von dem Gastgeber (Tamada) mit Trinksprüchen gefeiert, die „*für kurze Zeit alle die schlechten Beziehungen zwischen Deutschland und der Sowjetunion vergessen ließen*". Das Fest endete mit einem Knalleffekt, als der Ex-Fürst zu Ehren Schulenburgs eine Sektflasche an einem Spiegel zerschellen ließ. Wenige Jahre danach bezahlte Mdivani seine Respektlosigkeit gegenüber seinem Landsmann Stalin mit dem Leben. Diesem Schicksal entging jedoch Herwarths Verhandlungspartner Georgij Astachow, der Vertreter des Außenkommissariats bei der georgischen Regierung (er eröffnete 1939 in Berlin die erste Gesprächsrunde mit dem Auswärtigen Amt, die letzten Endes zum Abschluß des Hitler-Stalin-Paktes geführt hat). In weinseliger Stimmung versicherte Herwarth immer wieder, daß Hitler für Deutschland eine Katastrophe sei, während Astachow das gleiche von Stalin behauptete.

1920 erfolgte eine de-jure-Anerkennung der georgischen Republik durch das Deutsche Reich, die in Tiflis mit lautem Jubel und einer Festsitzung des Parlaments begrüßt wurde. Die Konsolidierung der Sowjetmacht nach Beendigung des russischen Bürgerkrieges führte jedoch Anfang 1921 zu einer dramatischen Wende, einem militärischen Überfall Sowjetrußlands, dem bereits die Besetzung von Armenien und Aserbaidschan vorausgegangen war. Stalin, der sich in seiner Heimat gegenüber dem stark ausgeprägten georgischen Nationalbewußtsein mit seinem bolschewistischen Internationalismus und ideologischer Gleichmacherei nicht durchzusetzen vermochte, verstand es, durch kommunistische Agenten im Dreiländereck, wo Georgien, Armenien und Aserbaidschan aneinanderstoßen, einen

Putsch anzuzetteln. Ein sog. „Revolutionskomitee" rief die Rote Armee, die an den Grenzen des Freistaates bereits Gewehr bei Fuß stand, zu Hilfe.

Die freiheitsliebenden Georgier verteidigten ihre nach mehr als hundert Jahren wiedergewonnene Selbständigkeit mit dem Mut der Verzweiflung gegen die sowjetische Übermacht. Eine wirksame Intervention war weder von Frankreich noch von England zu erwarten. *„Wir kämpften auf verlorenem Posten, wie in früheren Jahrhunderten gegen die Türken und Perser"*, erinnerte sich im Moskauer Gefängnis nach 1945 einer meiner Zellengenossen, ein vielfach dekorierter georgischer Offizier. Als blutjunger Fähnrich gehörte er bereits der Georgischen Legion in Deutschland an, 1917 - 21 war er Offizier im georgischen Freistaat, danach lebte er in der Emigration, und 1942 - 45 stand er erneut in den Reihen der zweiten *„Georgischen Legion"*, die in Deutschland nach dem Modell der ersten aufgestellt worden war. Sein Bericht über die vergebliche Abwehr des sowjetrussischen Überfalls von 1921 gipfelte in der dramatischen Schilderung der Endkämpfe. Drei Monate lang, von Januar bis März 1921, hielten georgische Einheiten die militärisch ausgebauten Paßübergänge besetzt. Sowjettruppen rannten bei Tag und Nacht gegen die MG-Nester an, bis die vorgelagerten Körper der Gefallenen das Schießen unmöglich machten. Den Verteidigern blieb als einziger Ausweg nurmehr der Rückzug zur Schwarzmeerküste und die Einschiffung auf französische Kriegsschiffe übrig.

Die gesamte georgische Regierung, die Parteifunktionäre, Offiziere und die Kadettenschule wurden von der französischen Marine (der einzige Dienst, den sie erweisen durfte) von Batum nach dem Westen evakuiert. Tiflis fiel ohne Blutvergießen in die Hände der Bolschewiken, die eine Übergangsregierung einsetzten und zwar mit dem ehemaligen Studenten in Deutschland, Stalins Schwager Alexis Svanidse als Außenminister. Mitte Juli erschien Stalin selbst in

Tiflis, nicht als georgischer Patriot, sondern als Vertreter der Moskauer Zentralmacht. Nach einem kurzen Zwischenspiel erfolgte dann die Gleichschaltung und Eingliederung Georgiens in den sowjetischen Staatsverband.

1919 - 1934

Aus Georgien war Schulenburg mit der deutschen Delegation Anfang 1919 nach Berlin zurückgekehrt. Nach einem kurzen Aussetzen der Amtstätigkeit wurde er schon im Herbst 1919 in den diplomatischen Dienst der Weimarer Republik berufen und fand bis 1922 seine Verwendung als Vortragender Legationsrat in der Politischen Abteilung des Auswärtigen Amts. In den Berichten, die in dieser Zeit aus Moskau eingingen, spiegelte sich die Annäherung zwischen den beiden Besiegten, Rußland und Deutschland, wieder; sie schlug sich ungeachtet der unterschiedlichen staatspolitischen und sozialwirtschaftlichen Systeme in dem Freundschaftspakt von Rapallo nieder (1922).

Als Schulenburg im gleichen Jahr zum deutschen Gesandten in Teheran ernannt wurde, hatte Georgien, an dessen staatlichem Wiederaufbau er so erfolgreich mitgewirkt hatte, seine Selbstständigkeit bereits verloren. Im nunmehr sowjetischen Hafen von Batum, von wo er 1919 nach Deutschland abgereist war, ging er voll wehmütiger Erinnerungen an Land, um von dort aus seine Weiterreise nach der iranischen Hauptstadt auf dem Schienenwege fortzusetzen.

Der Iran, wo sich seit der Zarenzeit russische und britische Interessen überschnitten, war ein wichtiger Beobachtungsposten. Für Deutschland ergaben sich aus der russischbritischen Rivalität nicht unwesentliche Vorteile; für seinen offiziellen Vertreter war die freundschaftliche Einstellung des Schahs Reza Pahlevi, der in jungen Jahren als Kosakenhauptmann das deutsche Missionsgebäude in Teheran bewacht hatte, nicht nur von sentimentalem Wert.

Schulenburg blieb aber auch an der politischen Entwicklung in der Sowjetunion weiter interessiert. Auf seinen wochenlangen Dienst- oder Urlaubsreisen zwischen Teheran und Berlin beobachtete er die Lebensverhältnisse in der Sowjetunion; in Moskau unterbrach er regelmäßig die Reise und war von 1922 bis 1928 ständiger Gast bei Brockdorff-Rantzau. Die Gespräche der beiden beschränkten sich allerdings nicht *„auf eine Erörterung des Gotha-Kalenders"*, wie der Nachfolger Brockdorffs, der einer geadelten Schöneberger Bauernfamilie entstammende Dirksen zu glossieren pflegte. Durch Brockdorff erhielt der Teheran-Gesandte einen tiefen Einblick sowohl in die komplizierte Maschinerie der sowjetischen Partei- und Staatsbürokratie als auch in die Grundsätze der sowjetischen Außenpolitik.

Aus dieser Teheraner Gesandtenzeit Schulenburgs gibt es bemerkenswerte Eintragungen im Tagebuch des deutschen Schriftstellers Armin T. Wegner, dessen scharfe und unkonventionelle Beobachtungsgabe ein äußerst lebensnahes Portrait seines damaligen Gastgebers vermittelt.

Unter dem 27. Dezember 1927 trägt Wegner folgendes ein:

„Zweimal beim Grafen Schulenburg. Vornehm und liebenswürdig, im besten Sinne von alter preußischer Kultur. Einmal des Abends fand ich ihn bei einer Lampe arbeitend mit seinen Windhunden vor dem Kamin. Ein Bild aus einer märkischen Jagdstube. Er gehört zu jenen Menschen, deren Gesellschaft mich bei aller Entfernung der Weltanschauung mit familiären angenehmen Empfindungen erfüllt. Niemals vergißt man seine Großväter.

Schulenburg ist unverheiratet, ein Sechziger von jünglinghafter Frische. Häufig trifft man bei ihm eine russische Emigrantin mit einem spöttischen Mund und kleinen lebhaften Händen, Frau Schubin. Eine volle schöne Frau, die geschiedene Gattin eines der zahllosen Vertriebenen, anmutig klug, eine echte Russin. Man begreift, daß Schulenburg die Gesellschaft dieser Ausgewanderten sucht, was ihm oft verdacht wird. Inmitten einer östlichen mittelalterlichen Welt sind die russischen Auswanderer in Teheran mehr als in anderen Hauptstädten der Erde ein erregendes, befruchtendes Salz unter den Menschen."

Zwei Tage später notiert Wegner über einen neuerlichen Besuch beim deutschen Gesandten, der offensichtlich in dem schon damals nicht unkritisch, aber gefühlsmäßig „links" orientierten Schriftsteller aus einem kultivierten großbürgerlichen Hause einen durchaus anerkennenswerten Gesprächspartner erblickte:

„Abendessen beim deutschen Gesandten. Kerzen. Eine Kiefer als Tannenbaum.

Der Graf hatte die Beamten der Gesandtschaft mit ihren Frauen eingeladen. Auch Frau Schubin war da. Alle waren trotz der heiteren Liebenswürdigkeit des Grafen von steifer Zurückhaltung. Geborene Untertanen! Welch trauriger Unterschied, wenn ich an den freien ungezwungenen Verkehr der russischen Arbeiter und Soldaten mit ihren Führern denke.

Das Tafelzeug, die geschliffenen Weinkelche, die Kristallkronen an der Decke mit ihren zahlreichen natürlichen Kerzen, alles atmete alte Vornehmheit. Hier lebt der Gesandte noch wie ein kleiner Fürst. Mitten darunter saß ich zwischen den seidenen Kleidern der Frauen in meinem abgeriebenen Manchesteranzug, den klobigen Reiseschuhen ... und es gefiel mir, daß Graf Schulenburg mich geladen hatte, ohne daran Anstoß zu nehmen.

Als die Bridgetische aufgestellt wurden, hörte ich die gereizte Stimme Frau Schubins: ‚Mit den Roten spiele ich überhaupt nicht!' Empört schob sie die roten Spielmarken beiseite. In einem Nebensalon sah ich ein übergroßes Bild Wilhelms II. in weißem Hermelin, das eine ganze Wand bedeckte; es hing dort strahlend und abscheulich ... im zehnten Jahre der deutschen Republik!

Als die anderen gegangen waren, blieb ich mit Schulenburg allein. Lange sprach er mit mir über den Unterschied von Erzieher und Lehrer. Nur einmal stieß ich mit ihm heftig zusammen; aber bei aller preußischen Herkunft zeigte sich seine geistige Freiheit in einer Abneigung gegen das deutsche Feldwebeltum und in der hohen Bewunderung für englische Erziehung ... Dann kamen die Kerzenbläser mit ihren langen Rohren ..."

Zum Gesandten erster Klasse wurde Schulenburg erst nach neun Dienstjahren ernannt, und zwar als er 1931 den Missionsposten in Bukarest übernahm. Auch in Rumänien, dem Nachbarstaat der Sowjetunion am Schwarzen Meer, wurde Schulenburg dem politischen Geschehen in Moskau nicht völlig entfremdet, obwohl er seit dem Tode Brockdorffs nicht mehr über einen direkten Draht zum dortigen Botschafter (von Dirksen) verfügte. Dies änderte sich, als Ende August 1933 sein alter „*Crew-Kamerad*", Rudolf Nadolny, der ihn in der Karriere längst überholt hatte, Botschafter in Moskau wurde. Ungeachtet der Feindseligkeit, die seit der Machtergreifung Hitlers das deutsch-sowjetische Verhältnis überschattete, „*hier Antikommunismus, dort Antifaschismus*", setzte sich der vitale Nadolny zum Ziel, den „*Geist von Rapallo*" weiter zu pflegen und eine friedliche Koexistenz der beiden größten europäischen Nachbarvölker aufrechtzuerhalten. Mit seiner dreißigjährigen Rußlandkenntnis, die er sich, ähnlich wie Schulenburg, in den Randstaaten erworben hatte, glaubte Nadolny die Politik seines großen Vorbildes Brockdorff selbst unter dem völlig veränderten und ideologisch vergifteten Verhältnis fortführen zu können. Es war weniger eine Fehleinschätzung der Kreml-Politik, die die Hauptschuld am Hitlerregime der KPD zur Last legte, als eine Verkennung der Tatsache, daß Hitlers und Rosenbergs antikommunistische (und antirussische) Ideologie in keiner Weise mit irgendwelcher Anknüpfung an den Rapallo-Pakt oder die realen deutschen Staats- und Wirtschaftsinteressen zu vereinen war. Walter Schmid, Kulturattaché an der Botschaft, erinnert sich, daß Nadolny noch 1934 glaubte, die Verwirklichung seines Rußlandkonzeptes gegen Hitler durchsetzen zu können, obwohl dieser ihm rundweg erklärt hatte, er wolle *„mit den Russen nichts zu tun haben"*.

Nadolny ließ nichts unversucht. Er verfaßte eine Denkschrift über das deutsch-sowjetische Verhältnis und erläuterte dieselbe in einer Begegnung mit Hitler in Berchtesgaden. Hitlers Stellungnahme war eindeutig: Er wolle mit England gehen, mit Rußland aber nichts zu tun haben. Im Juni 1934, kurz vor dem Röhm-Putsch, wurde Nadolny in „Ungnade" entlassen. Als er später mehrfach versuchte, den Wert einer deutsch-russischen Zusammenarbeit in Vorträgen und Publikationen zu erläutern, wurde ihm dieses *„unter Androhung disziplinarischer Maßregelungen und der Einweisung in ein KZ"* untersagt.

Der in vorzeitigen Ruhestand versetzte Botschafter schrieb an Hitler einen Abschiedsbrief, in dem er darauf hinwies, *„man werde eines Tages noch an Rußland herantreten und seine Freundschaft erbitten"*, was 1939 auch tatsächlich geschah.

1934

Inzwischen hatte sich Hitlers Außenminister von Neurath längst für den Grafen Schulenburg als Nachfolger Nadolnys entschieden. Und keiner begrüßte diese Entscheidung mehr als Nadolny selbst, der mit *„dem alten Freund am Anfang seiner Laufbahn das Zimmer teilte"*.

In den Jahren seiner Moskauer Botschaftertätigkeit lud Schulenburg seinen Vorgänger jedesmal, wenn er Berlin besuchte, in den Kaiserhof, um die aktuellen Ereignisse zu besprechen und die jeweilige Zeitsituation zu analysieren. Auch zu solchen Besprechungen mit dem ostrakisierten Rußlandfreund gehörte damals nicht wenig Mut.

Von Schulenburg waren zwar keine eigene Initiative oder gar Alleingänge und eigenmächtiges Vortasten zu erwarten, aber er verstand es, während seiner siebenjährigen Amtszeit in Moskau die deutschen Interessen in der Sowjetunion mit größter Umsicht und Würde zu vertreten und im zeitgerechten Augenblick das Vermächtnis Brockdorffs und Nadolnys durch eine — allerdings zweckbedingte und zeitbegrenzte — Wiederannäherung zwischen Deutschland und der Sowjetunion zu vollziehen.

Der Amerikaner Gordon A. Craig stellt in der Einführung zu dem Sammelband *„Die Diplomaten"* Schulenburg einem seiner Vorgänger in Moskau, dem nach London versetzten Dirksen gegenüber, gewissermaßen als zwei Prototypen diplomatischen Verhaltens: *„Diplomaten wie Schulenburg reagierten auf neu auftauchende Probleme rein instinktiv durch Anwendung der von ihnen erlernten Kanons ihres Berufs. Andere, wie Dirksen oder Neville Henderson, bemühten sich dagegen verzweifelt, auf jener Welle zu reiten, von der sie annahmen, daß sie von ihr in Zukunft getragen würden."*

Als russische Emigrantin hat Frau Schubin, Schulenburgs Lebensgefährtin, ihn verständlicherweise nicht nach Moskau begleiten können. Sie hütete sein pied à terre in Berlin.

Seine einzige Tochter Christa war nach seiner kurzen Ehezeit bei ihrer Mutter geblieben und naheliegenderweise in Ab- und Auflehnung gegenüber ihrem Vater erzogen worden. Erst 1935, als Erwachsene, besuchte sie ihn zum erstenmal in Moskau, voller Vorbehalte und fest entschlossen, seinem viel gerühmten Charme nicht zu erliegen. Alsbald begriff sie jedoch, warum ihr Vater überall so verehrt und geschätzt wurde, und auch sie begann ihn allmählich zu verstehen und zu lieben. Der Bann war gebrochen und Schulenburg war glücklich darüber, daß seine Tochter ihn von da an wiederholt in Moskau besuchte und daß er ihr auch im Heimaturlaub begegnen konnte.

Die deutsche Botschaft in Moskau, die vom kaiserlichen Deutschland nach dem Friedensschluß von Brest-Litowsk im April 1918 durch die Mirbach-Mission als erste Vertretung eines der kriegführenden Staaten eingerichtet worden war, besaß damit sowohl den Rang der Priorität als auch den Ruf, zu den bestinformierten ausländischen Vertretungen im Sowjetstaat zu zählen. Zu den unübertroffenen Höhepunkten ihres einundzwanzigjährigen Bestehens gehören die Amtsperioden der beiden herausragenden Botschafter, Ulrich Graf Brockdorff-Rantzau (1922 - 28) und Werner Graf von der Schulenburg (1934 - 41). Deren persönliche Wertschätzung (nicht ohne einen gewissen Snobismus wurde Schulenburg von der Kremlführung *„unser Graf"* genannt) konnte nicht zuletzt dadurch unterbaut werden, daß es sich bei dem einen wie bei dem anderen um Vertreter des deutschen Hochadels handelte, deren konservative weltmännische Lebenseinstellung sie in einem sog. *„proletarischen Staat"* zu den Befürwortern einer realpolitischen Ostpolitik machte.

Unter Brockdorff-Rantzau, der von Moskau aus in hohem Maße die Entscheidungen in der Außenpolitik der Weimarer Republik beeinflußte, und unter Schulenburg, der sein Äußerstes tat, um eine kriegerische Auseinandersetzung mit der Sowjetunion zu verhindern, war die deutsche Botschaft in Moskau auf der diplomatischen *„Nachrichtenbörse"* ein echter Umschlagplatz westöstlicher Diplomatie. Keine andere mittel- oder westeuropäische Vertretung hat ihr diesen Rang bis 1933 streitig machen können. Erst dann kam die amerikanische hinzu als *„eine der bestinformierten und angesehensten diplomatischen Vertretungen in Moskau, ihr einziger Rivale war die deutsche, die zu allen Zeiten hervorragend war"* (George F. Kennan).

Schulenburg, mit seinen gründlichen östlichen Erfahrungen und Beobachtungen (der orientalische Fatalismus entsprach durchaus seinem Wesen — *„Inschallah"* gehörte zu seinen Lieblingsausdrücken), erblickte auch in der Sowjetunion sehr viel mehr orientalische Züge als z. B. sein Mitarbeiter Hans von Herwarth. Feinsinnig wies er diesen u. a. darauf hin, daß das deutsche Wort *„sofort"* im Russischen mit *„seitschas"*, in dieser Stunde, ausgedrückt würde. *„Langsam kam ich* (Herwarth) *dahinter, daß er die Schwerfälligkeit der sowjetischen Bürokratie verstand, und daß dieses Verständnis ihn davor bewahrte, Dinge erzwingen zu wollen, die nicht zu erzwingen waren ... Er war unfähig, eine Rede zu halten, und selbst eine vorbereitete Rede abzulesen war ihm eine Qual. In merkwürdigem Gegensatz dazu stand seine außergewöhnliche Begabung, Geschichten zu erzählen!"*

Auch seine Arbeitsweise war, ähnlich wie bei Brockdorff-Rantzau, durchaus unkonventionell und ein ständiges Ärgernis für den bürokratischen „Unterbau" der Botschaft. Herwarth hat dies am eindrucksvollsten geschildert:

„Schulenburgs Lebensweise war ein Ausdruck seiner Geisteshaltung. Er stand früh auf, aber erschien nie vor elf

Uhr in der Botschaft. Wenn er dann kam, war er in schrecklicher Eile, und wir fragten uns immer, was in aller Welt er die ganze Zeit gemacht hatte, um so gehetzt zu sein. Mit der Zeit entdeckten wir das Geheimnis. Er verbrachte viel Zeit mit der morgendlichen Toilette, frühstückte in aller Gemütsruhe, las die Zeitung und spielte mit seinen Hunden. Dann setzte er sich in einen Lehnstuhl, um, wie er mir erklärte, über die Probleme der Welt nachzudenken ... Nach seinem Eintreffen in der Botschaft gab ich ihm einen kurzen Überblick über die letzten Ereignisse, bevor die tägliche Konferenz, Morgenandacht genannt, begann. Schulenburg äußerte nur selten seine Meinung. Der einzige Hinweis auf sein Interesse waren seine Daumen. Je schneller er sie drehte, desto aufmerksamer hörte er zu. Wenn seine Daumen still standen, war es ein sicheres Zeichen, daß er nichts mehr hören wollte. Nach dem Pressevortrag beauftragte er uns, Berichte zu schreiben und verteilte die anfallende Arbeit. Er selber schrieb keine Berichte. Selbst wenn er ein Gespräch im Außenministerium oder mit einem Kollegen geführt hatte, unterrichtete er den Botschaftsrat, mich und oft auch Hilger in allen Einzelheiten. Es war unsere Aufgabe, den Bericht zu verfassen.

Einmal in der Woche fuhr der Kurier mit dem Nachtzug nach Berlin. An diesen Tagen kam ich am späten Nachmittag in Schulenburgs Residenz und legte ihm die Berichte zur Unterschrift vor. Selbst wenn er nicht mit allen Einzelheiten einverstanden war, unterschrieb er. Wenn ich sein Arbeitszimmer betrat, saß er immer mit einem Glas Whisky an seinem großen Schreibtisch und erledigte seine Privatkorrespondenz, die er entweder mit zwei Fingern tippte oder in seiner schönen, deutlichen Handschrift verfaßte. Er verwendete viel Zeit und Sorgfalt auf diese privaten Briefe, die eine wichtige Rolle in seinem Leben spielten. Sie gingen an Menschen, die ihm nahestanden — vor allem Frauen —, *und er schilderte in ihnen seine täglichen Erlebnisse und seine Gedanken zum Zeitgeschehen."*

Die Effektivität und der seit 1920 ununterbrochene Informationsfluß über die inneren Zustände des Sowjetstaates waren nicht zuletzt der Tätigkeit des Chefdolmetschers und wirtschaftspolitischen Sachverständigen Gustav Hilger zu verdanken. Die Botschafter und Botschaftsräte (Gesandten) kamen und gingen, Hilger aber blieb auf seinem Posten *„bis zum bitteren Ende"*. Seine einmalige Stellung (jener der *„Dragomane"* im Osmanischen Reich vergleichbar), die für ihn allerdings ein persönliches psychologisches Trauma bedeutete, bestand darin, daß er über mehr als ein Jahrzehnt nicht *„verbeamtet"* war und daher nicht von dem diplomatischen Versetzungskarussell erfaßt werden konnte.

Innerhalb des Dienstbetriebs der Botschaft wurde Hilger zwar als eine „Institution" neidlos anerkannt, aber infolge der ihm fehlenden diplomatischen Routineausbildung und amtlich vorgeschriebenen Laufbahn blieb er stets ein Außenseiter. Er besaß das uneingeschränkte und absolute Vertrauen aller deutschen Botschafter von Brockdorff-Rantzau bis Schulenburg, aber auch nicht mehr. Durch die verkrustete Struktur des Auswärtigen Dienstes war eine Übernahme in das privilegierte Beamtenverhältnis bis in die Zeit Hitlers nicht möglich. Sein Trauma bestand darin, daß er nicht die Position in Anspruch nehmen konnte, zu der er zweifellos die Statur besaß.

Man nannte ihn auf der Botschaft ein *„wandelndes Vademecum"*, ein absolut zuverlässiges *„Who is who?"* der Sowjethierarchie. Die innere Struktur des Sowjetsystems, aber auch die Lebensläufe fast aller seiner prominenten Funktionäre waren Hilger seit den Gründerjahren der Sowjetrepublik wie keinem anderen Deutschen oder sonstigen Ausländer bis ins private Detail vertraut. Unterstützt wurde Hilgers phänomenales Gedächtnis durch seine in Moskau legendär gewordene *„Kartothek"*, in die er mit allergrößter Akribie und Gewissenhaftigkeit jede Veränderung, Beförderung, aber auch Amtsenthebung, Verfemung oder gar Verurteilung von sowjetischen Partei- und Regierungsfunktionären eintrug.

Damit sind aber auch seine von der Natur gesetzten Grenzen angedeutet. Ihm fiel die undankbare Rolle eines unentbehrlichen *„Faktotums"* zu, von dem sachlich korrekte Auskünfte und Informationen, aber keineswegs konstruktive politische Konzeptionen zu erwarten waren. Sein ungeheures, aber im großen ganzen unbewegliches Wissen wurde zum Hindernis für eine erfolgreiche diplomatische Karriere. Seine Kenntnisse waren „verzettelt", aber immobil. Man nahm seine Dienste gerne in Anspruch, ohne daß seine unschätzbaren Verdienste um die innenpolitische Orientierung der wechselnden Botschafter und Räte entsprechend honoriert wurden. Er teilte damit das Schicksal des *„Dolmetscher"*-Schmidts, wie auch eines anderen, des in Moskau als Sohn des reichsdeutschen Inhabers der angesehenen Buchhandlung und des Verlagshauses Deubner geborenen langjährigen Militärattachés Ernst Köstring. Alle drei verdankten ihre Übernahme in das Beamtenverhältnis bzw. in die Offizierslaufbahn dem um das Beamten- oder militärische Beförderungsrecht unbekümmerten Hitler, der Hilger zum Botschaftsrat, Köstring zum General und Schmidt zum Gesandten befördern ließ. Der fremdsprachenunkundige Hitler — auch darin Stalin nicht unähnlich, für den als Georgier Russisch allerdings eine Fremdsprache war — wußte die für seine Gespräche mit fremden Staatsoberhäuptern unentbehrlichen fremdsprachlichen Kenntnisse durchaus zu schätzen.

In seinen 1965 post mortem veröffentlichten Erinnerungen charakterisiert Köstring in anschaulicher Weise jene für ihn wichtigsten Exponenten der Moskauer Botschaft, die er 1935 zu Beginn seiner zweiten Militärattaché-Dienstzeit angetroffen hat:

„Nach einer kurzen Rücksprache mit dem Botschafter Graf Schulenburg", erinnert er sich, *„wurde mir bewußt, es auch bei ihm, wie seinerzeit bei Dirksen, mit einem Grandseigneur und gradlinigen Manne von großer politischer Einsicht zu tun zu haben. Unser Gedankenaustausch offenbarte volle Einmütigkeit und Unterstützung meiner Aufgabe durch ihn. Auch die meisten meiner alten Freunde traf ich hier wieder an, z. B. den Botschaftsrat von Twardowski, mit dem ich durch mehrjährige Zusammenarbeit trotz anfänglicher Ablehnung durch ihn in ein enges freundschaftliches Verhältnis kam. Twardowski hatte neben ungewöhnlicher Klugheit alle die Gaben, die von einem Diplomaten auf so schwierigem Posten vorausgesetzt werden müßten, und es war ein Verlust, daß er durch die bornierte politische Kurzsichtigkeit der Berliner Stellen von seinem russischen Posten abberufen wurde* (Twardowskis Nachfolger, Werner von Tippelskirch, ein Vetter des Oberquartiermeisters IV im Generalstab des Heeres, den Köstring in privatdienstlichen Briefen regelmäßig über die politische und militärische Lage in der Sowjetunion unterrichtete, erwähnt er aus persönlicher Animosität mit keinem Wort).

Hilger, der Wirtschaftssachverständige der Botschaft, war nicht nur der beste Kenner der russischen Wirtschaft, sondern — wie gesagt — auch aller russischen Verhältnisse. Ich nannte ihn stets das ‚Russische Lexikon'. Ihm, der als Kind in Moskau die gleiche Schule wie ich besucht hatte, dessen Vater in der alten deutschen Kolonie Moskaus eine hochgeachtete Stellung eingenommen hatte, stand ich ebenso wie seiner sehr sympathischen und gewandten Gattin besonders nahe. Dr. Schiller, der landwirtschaftliche Attaché, war mir schon deshalb so angenehm, weil er, wie ich, für seine Arbeit die ausgedehntesten Reisen durch Rußland machte. Hans von Herwarth, in Kollegenkreisen Jonny genannt, der Vertrauensmann von drei Botschaftern in Moskau . . . ist noch heute einer meiner besten Freunde und war lange, den ganzen Krieg über, mein Adjutant. Herwarths Gattin, von allen Pussy genannt, war mit ihrer vollendeten Kenntnis von fünf Sprachen, der russischen, englischen, französischen, italienischen und deutschen, ein seltenes Sprachgenie. Ein alter Diplomat bezeichnete sie als beste Klasse einer Diplomatenfrau. Dazu war sie hübsch, lebendig, der beste Kamerad von uns Angehörigen der deutschen Botschaft und erfreute sich allgemeiner Beliebtheit beim ganzen diplomatischen Korps."

Herwarth, der von Mai 1931 bis August 1939 der Botschaft angehörte, leitete in den beiden ersten Moskauer Jahren die Konsularische Abteilung. Seine Hauptaufgabe bestand in der Betreuung und Hilfeleistung für die zahlreichen sogenannten *„deutschen Spezialisten"*, Ingenieure, Techniker, Facharbeiter, die von der Sowjetregierung angeworben waren. Soweit es noch angesichts der wachsenden sowjetischen Spionagehysterie möglich war, unterhielt er auch Kontakte zu den Deutschstämmigen in Moskau und zu den *„deutschen Kolonisten"*, deutschen Siedlern an der Wolga, in der Ukraine, auf der Krim, im Kaukasus und in Westsibirien, die Auswanderungsanträge stellten und sich auf entsprechende Zusagen Katharinas II. aus dem Jahre 1762 beriefen. Bis 1934 bestand in Moskau auch noch die deutsche lutherische St. Petri-Pauli Kirchengemeinde, deren Gottesdienste und Kirchenkonzerte von der deutschen und anderen Botschaften mit protestantischem Personal besucht wurden. Als Vertreter der deutschen Botschaft nahm Herwarth regelmäßig an den Sitzungen des Kirchenrates teil, der auch den Friedhof *„für Andersgläubige"*, mit Kriegsgefangenengräbern aus dem I. Weltkrieg, betreute.

Im Frühjahr 1934 schlug jedoch auch für diese Gemeinde die letzte Stunde. In der neugotischen Kirche wurde ein Klub der Komintern-Hochschule eingerichtet, die sich bereits nach der Revolution in dem mehrstöckigen ehemaligen deutschen Gymnasiumsgebäude etabliert hatte. In Stalins Todeslagern verschwanden für immer der Kirchenvorstand (Dr. med. Ernst Helms, Syndikus Paul Althausen aus Mitau und Ing. Oskar E. Sommer aus Riga) sowie der aus den Wolgakolonien stammende Pastor W. Strack. Der letzte lutherische Bischof von Moskau und ganz Rußland, D. Dr.h.c. Theophil Meyer, war kurz vor Schließung der Kirche verstorben, sein Sohn, Dolmetscher der österreichischen Gesandtschaft, wurde als angeblicher „Spion" erschossen, während die Tochter, Professor der Germanistik, Dr. Elisabeth Meyer, ihr Leben im sibirischen Lager beendete. Im Gulag verschwand auch der letzte Organist, der Balte Ernst Hoerschelmann, dessen Orgelkonzerte Zuhörer aus ganz Moskau fesselten.

1934 - 1938

In die ersten vier Jahre der Mission Schulenburgs in Moskau fielen jene schwerwiegenden Ereignisse, die dem Kreml den Beweis lieferten, daß weder die Westmächte noch der Völkerbund imstande waren, die Nachbarstaaten vor Hitlers aggressiver Politik zu schützen. Der Wille zur Niederhaltung deutscher Bewegungsfreiheit, gleichviel ob wirtschaftlich oder außenpolitisch, den die Siegermächte in Versailles und St. Germain bekundet hatten, schien paralysiert zu sein. Sie nahmen die Wiederbewaffnung und die Remilitarisierung des Rheinlandes ebenso hin wie den Austritt Deutschlands aus dem Völkerbund und dem Locarnopakt, den Einsatz der deutschen Luftwaffe im Spanischen Bürgerkrieg ebenso wie den Anschluß Österreichs und des Sudetenlandes und schließlich die Auflösung der Tschechoslowakei.

Die Sowjetunion war durch die Annullierung der westlichen Friedensverträge von 1919 nicht unmittelbar betroffen und für Schulenburg waren daher die Erklärungen des sowjetischen Außenkommissars Litwinow durchaus glaubwürdig. Litwinow stellte nämlich fest, daß *„die Sowjetunion sich den westlichen Demokratien und dem Völkerbund nicht deswegen genähert habe, weil Deutschlands Ziele vornehmlich auf eine Wiederherstellung der Vorkriegsgrenzen und der ihm durch Versailles versagten Rechte gerichtet seien, sondern weil es eine offene und wahnwitzige antisowjetische Politik und eine Politik der uneingeschränkten Aggressionen verfolge."*

Die Rapallo-Freundschaftspolitik wurde bereits von Botschafter von Dirksen — nach dem Eintritt der Sowjetunion in den Völkerbund — für tot erklärt. Eine grundsätzliche Westorientierung der sowjetischen Außenpolitik, wie sie Litwinow durch sein Konzept *„des unteilbaren Friedens* *und der kollektiven Sicherheit"* durchzusetzen bemüht war, blieb jedoch aus. Stalins Blutterror gegen die eigene Partei und Bürokratie, die sechs bis acht Millionen verhungerter Bauern, die der Zwangskollektivierung und überstürzten Industrialisierung zum Opfer gefallen waren, die systematische Dezimierung der nichtkonformistischen Intelligenz schreckten die westlichen Demokratien von einem Bündnis ab. Von Hitlers Antikommunismus versprachen sie sich außerdem eine Eindämmung der auch ihre Existenz bedrohenden Kominternaktivität, die sich durch Bildung von Volksfront-Regierungen eine Machtübernahme in westlichen Ländern versprach. Andererseits begann Stalin in seinem Widerpart Hitler einen gleichgearteten Machtmenschen zu schätzen; beide begegneten sich in ihrer völligen Mißachtung demokratischer Einrichtungen und einer nahezu krankhaften Verachtung jener Menschenmassen, denen beide eine vorgeblich bessere Zukunft vorgaukelten.

Oder wie ein Verwandter des Botschafters, der ebenfalls 1944 hingerichtete Verwaltungsjurist Fritz-Dietloff v. d. Schulenburg (so im Verhörprotokoll der Gestapo) es formulierte: „(Hitler) *habe das Volk zur Masse atomisiert, die kollektivistisch mit Gewalt und Propaganda beherrscht würde."*

Die 1933 gehegte Vorstellung, die Nationalsozialisten könnten Schrittmacher des Kommunismus in Deutschland werden, hatte der Kreml als irrig erkannt. Eine Koexistenz und möglicherweise eine schrittweise Annäherung der beiden Gewaltsysteme erschien daher dem Kreml erstrebenswert zu sein. 1934 versicherte Marschall Tuchatschewskij den deutschen Verbindungsoffizieren zur Roten Armee, Stalin und Hitler vereint seien jederzeit in der Lage, der kriegsmüden Welt den Frieden zu diktieren. Und kein Geringerer als Molotow erklärte Anfang 1935 auf dem VII. Rätekongreß, daß die Sowjetunion von den deutschen Theorien vom Herrenvolk zwar keine hohe Meinung habe, die „*hohe Achtung vor dem deutschen Volk als einem der großen Völker unserer Epoche*" jedoch nicht verhehle. Sein Bedauern darüber, daß „*Hitlers Politik unsere Regierung zwingt, von einer Fortführung der bisherigen guten Beziehungen zu Deutschland Abstand zu nehmen*", bekundete selbst Lazar Kaganowitsch, Verkehrskommissar und Schwiegervater Stalins. Und ein anderer jüdischer Parteifunktionär, der Präsident der ukrainischen Staatsbank, S. F. Pewsner, beteuerte sogar, es sei „*absurd, daß sich die Sowjetunion mit einem degenerierten Staat wie Frankreich verbünde . . . nur mit Deutschland zusammen könne der Frieden gesichert werden. Rassengegensätze spielen dabei keine Rolle*". Ähnlich äußerte sich beim Diplomatenempfang im Kreml am 7. November 1935 der sowjetische Außenminister Maxim Litwinow. Ungeachtet seiner jüdischen Abstammung wandte er sich überraschend Graf Schulenburg zu und zwar mit dem Trinkspruch: „*Ich trinke auf die Wiedergeburt unserer Freundschaft.*" Die anwesenden westlichen Diplomaten hatten einen Grund mehr, über eine sich offensichtlich anbahnende Annäherung oder zumindest über den Start eines Erkundungsballons zu rätseln.

Konkrete sowjetische Angebote ließen nicht lange auf sich warten. Über den stellvertretenden Außenkommissar und früheren Botschafter in Berlin, Krestinskij, eröffnete Stalin dem Botschafter Schulenburg, daß die Sowjetunion angesichts „*der Worte und Taten Hitlers*" einem zweiseitigen Abkommen keine rechtsverbindliche Kraft beimessen könne, an einem multilateralen Ostsicherheitspakt, der auch Polen, die Tschechoslowakei und die baltischen Staaten einschließen sollte, aber durchaus interessiert sei. Die Sowjetunion würde im Falle eines Paktabschlusses dem Locarno-Vertrag von 1925 beitreten, Frankreich dem neuen Ostpakt. Schulenburgs telegrafischer Bericht nach Berlin wurde mit der knappen Weisung beschieden „*Deutschland zieht es vor, sich aus eigener Kraft zu schützen.*"

Zwischen Deutschland und der Sowjetunion setzte nunmehr ein *„kalter Krieg"* ein, der sich in der Schließung konsularischer Vertretungen in beiden Ländern niederschlug aber auch in der Verhaftung deutscher Ingenieure und Facharbeiter sowie in Repressalien gegenüber den völlig unbeteiligten deutschen Kolonisten, die seit dem 18. Jahrhundert an der Wolga, in der Ukraine und im Kaukasus siedelten. Für Schulenburg häuften sich daher die Dienstreisen nach Leningrad, Kiew, Odessa und dem Kaukasus, seine Interventionen blieben aber meistens ergebnislos. Ebenso häufig reiste Schulenburg nach Berlin zu längeren Rücksprachen und Konferenzen in der Wilhelmstraße. 1935 und 1936 nahm er an den Parteikongressen in Nürnberg teil und mußte sich auf dem letzteren anhören, daß Hitler das deutsche Interesse an den Naturschätzen der Ukraine, des Urals und Sibiriens anmeldete. Vier Tage nach dieser Rede vom 12. September 1936 antwortete der als deutschfreundlich bekannte Kriegskommissar Woroschilow, sein Land sei zum Kriege bereit.

Keiner der beiden Diktatoren tat jedoch den westlichen Demokratien den Gefallen, den Krieg anzufangen. Im Gegenteil, die gegenseitigen Waren- und Rohstofflieferungen und die deutschen Kredite an die Sowjetunion steigerten sich von Jahr zu Jahr. Hitler war auf die sowjetischen Rohstoffe für seine Rüstungsaufträge, wie Holz, Öl, Ölkuchen, Manganerz ebenso sehr angewiesen wie die Sowjetindustrie auf die Nachlieferung von Ersatzteilen und Fertigwaren für die vor 1933 gelieferten Fabrikanlagen. Beide Länder litten infolge ihrer Autarkiepolitik an chronischem Devisenmangel. Die Sowjetunion hatte jedoch Gold als Zahlungsmittel anzubieten. Selbst ein Überhang in der Handelsbilanz von 1,2 Milliarden im Februar 1933 hinderte Hitler nicht, der Sowjetunion einen weiteren Kredit in Höhe von 140 Millionen Reichsmark zu gewähren. Im April 1935 wurde der Sowjetunion ein weiterer Kredit von 200 Millionen auf fünf

Jahre eingeräumt und gegen Ende des gleichen Jahres überbot Hjalmar Schacht das Kreditangebot durch weitere 500 Millionen auf zehn Jahre. Da die sowjetischen Warenlisten von Kreuzern und U-Booten bis zu Erzeugnissen von Zeiss und IG-Farben reichten, war jedoch Schacht froh, daß Molotows hilfreiche Indiskretion ihm die Möglichkeit eines zeitgerechten Rückziehers gab. Aber selbst in den politisch spannungsreichsten Jahren 1938/1939 blieb der deutsch-sowjetische Warenaustausch aktiv, nicht zuletzt dank den Zahlungsversicherungen, die Botschaftsrat Hilger der deutschen Industrie gab und den Erfordernissen des Göringschen Rüstungsprogramms.

Die blutigen Säuberungsaktionen Stalins in Partei, Heer und Wirtschaft erklärte Schulenburg durch dessen Bestreben, den Sowjetstaat zu konsolidieren, aber auch durch eine völlige Isolierung dieses Staates gegenüber der übrigen Welt; dies mache jeden Kontakt nach außen zu einer staatsgefährdenden Affäre. Der Prozeß gegen den Marschall Tuchatschewskij und andere Sowjetgeneräle, die Verurteilung Bucharins, Radeks und zahlreicher Sowjetdiplomaten schienen dafür zu sprechen. Im Gegensatz zu anderen in Moskau akkreditierten Diplomaten ging Schulenburg in seinen Berichten jedoch niemals auf die in Moskau kolportierten Gerüchte und Spekulationen ein; eindeutig distanzierte er sich ebenfalls von dem Parteiobmann der Botschaft und allen ihm suspekt erscheinenden Personen.

In den beiden einander ablösenden Botschaftsräten von Twardowski und von Tippelskirch wie auch in den jüngeren Legationsräten von Walther, Herwarth von Bittenfeld, Groepper und Breer verfügte Schulenburg neben dem unabkömmlichen Hilger über einen zuverlässigen Arbeitsstab, der ihm während der Zerreißprobe in den deutsch-sowjetischen Beziehungen hilfreich zur Seite stand; jeder dieser Beamten war eingeschworen auf eine Verständigungspolitik gegenüber der Sowjetunion und tat sein Bestes, um durch eine objektive Berichterstattung eine Konfrontation der beiden Großmächte zu vermeiden.

Die deutsch-sowjetischen Beziehungen erreichten 1936/37 ihren absoluten Tiefstand, als nach Ausbruch des Spanischen Bürgerkrieges die Achse Berlin-Rom geschaffen wurde, der der Antikominternpakt mit Japan und Italien folgte.

Damit war für die Sowjetunion eine akute Bedrohung sowohl ihrer Ost- als auch ihrer Westgrenzen entstanden.

Aus den Berichten Schulenburgs von 1934/38 geht eindeutig hervor, daß er die marxistische weltrevolutionäre Komponente der sowjetischen Außenpolitik bewußt unterbewertet hat. Seinem auf der Idee der Staatsraison und der Realpolitik Bismarckscher Prägung begründeten Denken mußte eine Ideologisierung der zwischenstaatlichen Beziehungen, wie sie in der Sowjetunion und, seit Hitler, auch in Deutschland üblich geworden war, unerträglich erscheinen. Die Ränke und Schachzüge im Spiel der Großmächte, wie sie Ranke meisterhaft zu schildern wußte, waren ihm zwar als erlaubte Mittel der klassischen Diplomatie bekannt und vertraut; er war jedoch peinlich berührt, wenn auf Parteikongressen und in der Presse die *„braunen"* und die *„roten"* Demagogen einander unflätig beschimpften. Sein nüchternes pragmatisches Denken, die Maximen der Realpolitik übertrug er auch auf die Darstellung sowjetischer Innenpolitik. Ohne ideologisches Ressentiment und ohne Verteufelung der ihm wesensfremden Elemente stalinistischer Großmachtpolitik bemühte er sich, in seinen Berichten Tatbestände und Vorkommnisse möglichst objektiv zu analysieren.

Im November 1937 summierte er seine eigenen Beobachtungen und seine von Geschichts- und Aktenkenntnis herrührenden Erkenntnisse dahingehend, daß die Sowjetunion die Niederlage des zaristischen Rußlands im ersten Weltkrieg auf eine unzureichende Rüstungsindustrie zurückführte. Zum anderen flöße ihr *„die bedrohliche Kraft des* *deutschen Volkes*" gleicherweise Respekt wie Furcht ein. Aus diesen Tatbeständen ziehe die Sowjetunion die entsprechenden Konsequenzen, die sich im Innern in einer beschleunigten Aufrüstung — unter Zurückstellung aller Konsumbedürfnisse der Bevölkerung — äußere, und außenpolitisch in einer Sicherheitspolitik, die sie im Völkerbund durch den Abschluß eines multilateralen Vertrages zur Abwehr von Aggressionen und durch bilaterale Beistandspakte mit Frankreich und der Tschechoslowakei zu verwirklichen suche.

Im Oktober 1938 hatte Schulenburg mit Litwinow eine Vereinbarung getroffen, derzufolge die beiderseitigen Staatsoberhäupter, d. h. Hitler und Stalin, in Presse und Rundfunk beleidigenden Angriffen und Diffamierungen nicht länger ausgesetzt werden sollten. Vorausgegangen war die tschechische Krise, der Abschluß des Münchener Abkommens und die Einverleibung des Sudetenlandes. In seinen Berichten hatte Schulenburg hervorgehoben, daß die Sowjetunion ungeachtet ihres Beistandspaktes keine Truppen zum Schutze der Tschechoslowakei entsenden würde. In der Gewißheit, daß Hitler dieselben lesen würde, hob er hervor, daß im Moskauer Diplomatencorps die Meinung vorherrsche, daß Frankreich und England kriegsbereit seien. Gleichzeitig berichtete er allerdings, daß man überzeugt sei, die Sowjetunion wäre in diesem Falle der einzige Kriegsgewinner. In zwei Berichten wiederholte er die Meinung seines französischen Kollegen in Moskau, Coulondre, die auch seiner eigenen entsprach: *„Ich hoffe von ganzem Herzen, daß es nicht zu einem französisch-deutschen Konflikt kommt. Sie wissen es genau wie ich, wer der Gewinner sein würde.*"

Eine noch viel direktere Warnung ließ Schulenburg an die Westmächte durch Herwarth von Bittenfeld ergehen, der am 22. August 1938 einen britischen Botschaftsrat wegen einer deutlicheren Definition der Kriegsbereitschaft

Großbritanniens ansprach. Schulenburg zeigte darin eine Initiative, die ihm unter den gegebenen Umständen alle Ehre machte und bei der er viel riskierte. Und wenn er ein militärisches Eingreifen seitens der Westmächte zu vermeiden suchte, bedeutete es nicht, daß er sich einer vorbehaltlosen Ostorientierung verschrieben hatte. Die Lebensinteressen seines Landes — selbst unter Hitlers Herrschaft — sollten unbedingt gewahrt bleiben.

Die eigentlichen Gesprächspartner Schulenburgs in Berlin waren allerdings nicht Ribbentrop und die Abteilungsleiter im Auswärtigen Amt, sondern der Staatssekretär von Weizsäcker und sein Londoner Kollege von Dirksen, einer seiner Vorgänger in Moskau. Beide Botschafter begrüßten den Abschluß des Münchener Abkommens, von dem sie vor allem eine Normalisierung der deutsch-britischen Beziehungen erwarteten. Statt dessen erfolgte jedoch der Einmarsch deutscher Truppen in Prag und die Auflösung der Tschechoslowakei. Dirksen gab sich in der von ihm vertretenen Verständigungspolitik mit England geschlagen und zog sich auf sein schlesisches Gut zurück.

1939

Für die Sowjetunion bedeutete das Münchener Abkommen einen Ausschluß aus der von Litwinow angestrebten europäischen Gemeinschaft. Litwinows Westkurs erlitt ein völliges Fiasko, und die deutsche Botschaft ersah daraus neue Möglichkeiten für eine Annäherung an die Sowjetunion. Schulenburg trat nunmehr aus seiner bisherigen Reserve heraus und empfahl dem Auswärtigen Amt als erstes den Abschluß des 200 Millionen-Kreditabkommens. Er ging noch ein Stück weiter und schlug — über den Kopf des Außenkommissars Litwinow hinweg — direkte Verhandlungen mit dem Vorsitzenden des Rates der Volkskommissare, W. Molotow, vor, die einer Bereinigung des deutsch-sowjetischen Verhältnisses dienen sollten. Den Anlaß zu dieser Demarche gab Stalin selbst, der in seiner Rede vom 10. März 1939 auf dem 28. Parteikongress unter anderem erklärte, daß der verdächtige Lärm, den die westeuropäische und amerikanische Presse hinsichtlich der ukrainischen Frage angestimmt habe, zweifelsohne den Zweck verfolge, die Sowjetunion gegen Deutschland aufzuhetzen und einen Konflikt zu provozieren, für den keine ersichtlichen Gründe vorlägen.

Fünf Tage danach wurde Prag von deutschen Truppen besetzt, Böhmen und Mähren zu einem Reichsprotektorat und die Slowakei zu einem deutschen Schutzstaat erklärt. Da die Westmächte die Aggression Hitlers nicht abzuwehren bereit waren, verstärkte sich der Verdacht Stalins, daß dieselben ein unehrliches Spiel betrieben und, wie er sich ausdrückte, *„die Kastanien von fremden Händen aus dem Feuer zu holen"* beabsichtigten. Er ließ daher den Außenkommissar Litwinow, den Anhänger einer Westorientierung, fallen und ersetzte ihn am 3. Mai 1939 durch W. Molotow, den letzten prominenten Staatsmann aus Lenins *„alter Gar-*

de", der auch dessen Sympathien gegenüber Deutschland teilte.

Molotow wurde beispielloses Gedächtnis, Fleiß, unermüdliche Arbeitsfähigkeit, aber auch Unbeugsamkeit und Starrsinn nachgesagt. Dank seiner realistischen Einschätzung innenpolitischer Machtverhältnisse und dem Sichheraushalten aus innerparteilichen Auseinandersetzungen blieb er bei allen Säuberungsaktionen verschont. Charakterlich und zeitgeschichtlich entsprach er am ehesten dem Typ eines Ribbentrop, der gegen sein besseres Wissen und durch Unterdrückung seines eigenen Gewissens seinem machthungrigen Auftraggeber bedenkenlos die Durchführung außenpolitischer Erpressungen und Abenteuer ermöglichte. Ohne die vorhergegangene Säuberung des Moskauer Partei- und Staatsapparats von den opponierenden Intellektuellen in der Partei, wie Bucharin, Radek, Krestinskij und anderen Altbolschewisten, wäre ein Bündnis zwischen Hitler und Stalin kaum zustandegekommen. Molotow umgab sich im Außenkommissariat ausschließlich mit jungen ehrgeizigen Großrussen, darunter zu Technokraten der Politik aufgestiegenen Industrie-*„Apparatschiks"*, die bereit waren, jede auch noch so überraschende Wendung Stalinscher Außenpolitik gutzuheißen und mitzumachen. In ähnlicher Weise, aber mit sehr viel weniger Erfolg versuchte Ribbentrop, die Mitarbeiter aus seiner ehemaligen Dienststelle mit der Durchführung außenpolitischer Sonderaufträge zu betrauen.

Die überstürzte Entlassung Litwinows wurde von Hitler richtig verstanden. Da Schulenburg von Moskau abwesend war, weil er die Reichsregierung bei der Hochzeit des Kronprinzen von Iran vertrat und der Militärattaché Köstring sich auf einer Dienstreise in Ostsibirien befand, wurde Botschaftsrat Hilger als Wirtschaftsexperte und Kenner der Kreml-Interna zur Berichterstattung beordert. Da Hitler sich in Berchtesgaden aufhielt, wurde Hilger zunächst von Ribbentrop in München über die Möglichkeiten eines Kurswechsels im Kreml ausgeforscht. Ribbentrop gehörte zunächst nicht zu den Befürwortern einer Détante mit der Sowjetunion; ihm war sehr viel eher an einer friedlichen Verständigung mit Polen gelegen, von dem er sich ein besseres Einvernehmen mit den Westmächten versprach. Die plötzliche Kehrtwendung Hitlers verminderte nicht sein Mißtrauen gegenüber den Sowjetrussen, und da er befürchten mußte, daß Hilgers Berichte *„russophil"* gefärbt sein könnten, zog er es vor, Hitler die Lage in der Sowjetunion zunächst mit eigenen Worten darzustellen.

Einige Tage danach empfing Hitler auch Hilger in Berchtesgaden, und zwar in Gegenwart des Chefs des Oberkommandos der Wehrmacht, Keitel, und Dr. Schnurres, des Osthandels-Experten im Auswärtigen Amt. Entgegen seiner bekannten Gewohnheit, den Gesprächspartner nicht zu Worte kommen zu lassen, sondern seine eigenen vorgefaßten Gedanken zu entwickeln, hörte Hitler aufmerksam zu. In seinen Ausführungen schilderte Hilger die unleugbaren Erfolge der Industrialisierung in der Sowjetunion und hob eine Stabilisierung des Sowjetregimes hervor. Die Säuberungsaktionen von 1936/38, denen bis zu 80 % der höchsten Offiziere zum Opfer gefallen waren, hätten zwar die militärische Sowjetunion erheblich beeinträchtigt, aber keineswegs zerstört. Die Wiederbelebung des russischen Nationalismus, die Wiedereinführung strengerer Disziplin in der Armee, in den Fabriken und Schulen, eine Ideologisierung des Kulturlebens u. a. m. ließen jedoch erkennen, daß Stalin es mit dem Aufbau des Sozialismus in seinem Lande ernst meine. Auf die weltrevolutionären Ideen der von ihm bekämpften Parteiopposition hätte er zwar nicht vollends verzichtet, der Politik kleinerer Schritte, den Zufallserfolgen und einer weitzielenden Zersetzung bürgerlicher Demokratien gäbe er aber entschieden den Vorzug. Stalin selbst habe von sich behauptet, *„der Asiate"* in ihm ließe ihn stets auf Vorteile lauern und erst dann zuschlagen, wenn ihm das Risiko am geringsten erscheine. — Hilgers trockene nüchterne Darstellungsart brachte ihm jedoch nicht den erhofften Soforterfolg am Berghof.

Mit keinem Wort äußerte sich Hitler zu der künftigen Gestaltung der deutsch-sowjetischen Beziehungen. In einem nachfolgenden Gespräch mit Ribbentrop fielen dagegen äußerst kritische Bemerkungen über den „*Sowjetexperten*", die Hitlers grundsätzliche Abneigung gegenüber Fachleuten nur bestätigte. „*Dieser Hilger ist ja ein halber Russe*", soll Hitler gesagt haben. Und sein negatives Fazit hätte gelautet: „*Entweder ist Hilger der sowjetischen Propaganda erlegen. Dann ist seine Darstellung von den enormen Erfolgen der russischen Wirtschaft falsch und für mich wertlos. Oder aber seine Darstellung ist richtig, dann gilt es für mich, nicht auf die Stalinschen Friedenstöne einzugehen, sondern so schnell wie möglich die innere Konsolidierung dieses Kolosses zu unterbrechen*".

Hilgers bedächtige Redeweise, seine harte Aussprache und nicht zuletzt seine äußere Erscheinung mögen Hitler in seiner Auffassung noch wesentlich bestärkt haben. Er war ein hochgewachsener, hagerer, etwas steif wirkender Mann mit einem schmalen, seinem jeweiligen Gesprächspartner sich leicht zuneigenden Kopf, an dem die starken Backenknochen auffielen. Eine große dunkle Hornbrille entzog seine wachsamen, genau beobachtenden Augen einem direkten Kontakt und verbarg den Ausdruck steter Übermüdung und Überanstrengung. Er sah dem russischen General Andrej Wlassow, dem nachmaligen Befehlshaber der „*Russischen Befreiungsarmee*" (ROA), zu dem Hilger seit 1943 engste Kontakte unterhielt, zum Verwechseln ähnlich. Den einen wie den anderen zeichnete ein tiefer, eigentlich trauriger Ernst aus; man sah beide nur selten lächeln oder zum Scherzen aufgelegt. Die Misanthropie könnte aber auch auf häufiges Kopfweh zurückzuführen sein, unter welchem beide litten. Dies soll aber nicht heißen, daß Hilger keinen Scherz verstand. Er besaß einen ausgeprägten Sinn für Humor und geistreiche Formulierungen. In seinen wenigen Mußestunden befaßte er sich mit Vorliebe mit der Übersetzung russischer Sprichwörter und Reden ins Deutsche. Dieses geistige Training kam wiederum seiner Dolmetschertätigkeit zugute; denn bei den Russen erhellen volkstümlich treffende Sprichwörter und Redensarten im Gespräch oftmals eine komplizierte, nur indirekt zu umschreibende Situation oder Verhaltensweise.

Ungeachtet der zunächst negativen Reaktion Hitlers auf die *„prosowjetischen"* Ausführungen Hilgers setzten jedoch unmittelbar nach dieser Unterredung geheime Verhandlungen mit der Sowjetunion ein. Als unauffälliger Vorwand dienten die gerade fälligen handelspolitischen deutsch-sowjetischen Konsultationen in Berlin, die von dem Beauftragten Ribbentrops, Peter Kleist, und dem schon erwähnten Osthandelsexperten des Auswärtigen Amts, Geheimrat Schnurre, unter Umgehung der direkten Zuständigkeit der Botschaft in Moskau geführt wurden. Die bereits Ende 1938 zustande gekommene Verlängerung des deutsch-sowjetischen Warenaustausches erregte in der Weltöffentlichkeit einiges Aufsehen, da es als ein Anzeichen einer sich anbahnenden Verständigung interpretiert wurde. Damit verbunden war nämlich ein deutsches Kreditangebot in Höhe von 200 Millionen für die Dauer von sechs Jahren unter der Bedingung, daß für drei Viertel des Betrages kriegswichtige Rohstoffe geliefert würden. Mit der Durchführung der Vorverhandlungen wurde wiederum Schnurre beauftragt. Anfang 1939 war er nach Warschau beordert worden, um über den deutsch-polnischen Handel zu verhandeln; anschließend sollte in Moskau mit dem Außenhandelskommissar Mikojan der neue deutsche Warenkredit besprochen werden.

Die britische, französische und auch polnische Presse interpretierten die Anschlußreise in einer Weise, die Ribbentrop als eine Störung der von ihm betriebenen Lösung des Danziger und Korridorproblems erscheinen ließ, und er rief Schnurre nach Berlin zurück. Ungeachtet dieses offensichtlichen Affronts setzte die Sowjetregierung die Verhandlungen über den 200 Millionen-Kredit fort. Im Februar 1939 überreichte Mikojan dem Botschaftsrat Hilger eine Lieferungsliste, die zusätzliches Kriegsmaterial beinhaltete. Das Kreditabkommen mit einer Laufzeit von sieben Jahren und einem 5 % Zinssatz wurde am 19. August 1939 unterzeichnet, vier Tage bevor Ribbentrop seine erste Reise nach Moskau antrat.

Die treibende Kraft war bei diesen deutsch-sowjetischen Verhandlungen zweifelsohne Ribbentrop, der Hitler nunmehr zu überzeugen verstand, daß man sich im Osten in dem sich verschärfenden Konflikt mit Polen einer Rückendeckung versichern mußte. Auch Göring befürwortete diese Aktion. Die *„russische Alternative"* ging auf die gescheiterten Verhandlungen mit Polen zurück. Eine Reise Ribbentrops nach Warschau (Ende Januar 1939), die dem Versuch diente, Polen in Hitlers Machtkombination einzubeziehen und zugleich das Danzig- und Korridor-Problem durch eine propolnisch-antisowjetische Lösung zu überwinden, war gescheitert (Kleist). Die Angebote und Bemühungen Ribbentrops verfingen bei den Polen nicht, die sich eher auf *„ihre fernen Freunde"* (England, Frankreich) als auf ihre beiden benachbarten Feinde, (Deutschland, Sowjetunion) verließen. Dies führte zu einer Kündigung des deutsch-polnischen Nichtangriffs- und Freundschaftspaktes sowie des deutsch-englischen Flottenabkommens von 1934.

Zu der unbedingten Amtspflicht eines bei einem fremden Staate akkreditierten Botschafters gehört nicht nur die Wahrnehmung der Interessen des eigenen Landes, sondern auch ein substantieller Beitrag zur Aufrechterhaltung oder Herstellung guter Beziehungen. Darum nahm auch Schulenburg jede noch so geringe Chance wahr, einen Ausgleich mit der Sowjetunion herbeizuführen. Er konnte es damals nicht ahnen, daß auch Hitler spätestens seit dem Frühjahr 1939 — als England und Frankreich den Polen ein Garantieversprechen gaben — mit dem Gedanken einer Rückendeckung im Osten spielte. Bei der ersten Nachricht über die westlichen Garantieerklärungen verfiel der Diktator in einen Wutanfall und drohte: *„Denen werde ich einen Teufelstrank brauen"*. Worin dieser bestand, sollte sich allerdings erst einige Monate später herausstellen.

Als Hitler im Juni 1939 den um den Fortbestand der Unabhänigkeit des baltischen Randstaates Lettland besorgten Außenminister Munters empfing, bemerkte er hinsichtlich der Sowjetunion: *„Wir wissen, wie jeder, ganz gut Bescheid über das, was äußerlich in Erscheinung tritt; aber was in den Köpfen der russischen Machthaber vor sich geht und was ihre Ziele sind, ist uns völlig rätselhaft."* Beinahe gleichzeitig fand in Moskau eine Unterredung zwischen Schulenburg und Molotow statt, in der der letztere präzisierte, was einer Normalisierung der Beziehungen zwischen den beiden Ländern dienen könnte, *„falls dazu der Wunsch bestünde"*. Außenpolitisch wäre dazu erforderlich:

1. eine Feststellung, daß zwischen Deutschland und der Sowjetunion keine Streitpunkte bestehen, die sich auf lebenswichtige Fragen beziehen,
2. eine Erklärung über die deutschen Absichten in bezug auf Polen,
3. eine Auswertung der Tatsache, daß die Sowjetunion durch die zwischen Deutschland und den baltischen Randstaaten abgeschlossenen Nichtangriffspakte eine zusätzliche Sicherheit erhalten habe und
4. eine formelle Bestätigung über das Weiterbestehen des 1926 abgeschlossenen deutsch-sowjetischen Neutralitätspaktes.

Ein direktes Eingehen auf diese russische Fühlungnahme blieb von Berlin eine Zeitlang aus.

Während seines Berlinaufenthaltes vom 12. bis 24. Juni 1939 besuchte Schulenburg den dortigen sowjetischen Geschäftsträger Astachow. Im Verlaufe des Gespräches bemerkte der letztere, daß „*die ganze Geschichte beweise, daß es Deutschland und Rußland immer gut gegangen sei, wenn sie Freunde gewesen wären, und schlecht gegangen sei, wenn sie verfeindet gewesen wären.*" Diese Formulierung kehrte in offiziellen Reden und Presseverlautbarungen zwischen August 1939 und Juni 1941 immer wieder. In der gleichen Zeit unterhielt sich Schulenburg in Berlin mit seinem Amtsvorgänger in Moskau, Rudolf Nadolny, der ihm später brieflich bestätigte, „*daß die Russen für sich — mindestens in Europa — Ruhe und Sicherheit wünschten. Was Polen anbeträfe, so hätten sie sogar eher ein Interesse daran, daß Deutschland einige seiner Ansprüche durchsetze, weil dies den Gegensatz zu Polen verewigen und ein deutsch-polnisches Zusammengehen, das sich auch gegen sie auswirken könnte, verhindern würde. Einen Krieg sähen sie vielleicht nicht ungern, aber sie selbst möchten dabei lieber draußen bleiben.*"

Am 7. April 1939 traf sich Peter Kleist im Auftrage Ribbentrops mit dem Handelsrat und Geschäftsträger der Sowjetbotschaft, Astachow, der unumwunden erklärte, „*daß es sinnlos sei, wenn Deutschland und die Sowjetunion wegen ‚ideologischer Haarspaltereien' sich gegenseitig bekämpften, anstatt, wie oft in der Geschichte, Seite an Seite große Politik zu machen.*" Wie eine Aufforderung an Hitler, gegenüber der Sowjetunion eine realpolitische Haltung einzunehmen, klingen Astachows abschließende Worte im Gespräch mit Kleist: „*Ein Staatsmann muß verstehen, über seinen eigenen Schatten zu springen. Entscheiden wir uns doch für eine gemeinsame Politik, anstatt zugunsten der Interessen Dritter uns gegenseitig die Köpfe einzuschla-*

gen." In der Diktion dieses letzten Satzes erkennt man eine Paraphrasierung jener vielbeachteten Rede Stalins vom 10. März 1939, in welcher er England und Frankreich bezichtigte, „*in der Sowjetunion eine deutschfeindliche Stimmung zu erregen, die Atmosphäre zwischen den beiden Staaten zu vergiften und einen Konflikt mit Deutschland zu provozieren*".

Die geheimen Treffen mit Astachow in Berlin nahmen ihren Fortgang. Sie führten am 26. Juli, d. h. am gleichen Tage, als die Westmächte Molotow wissen ließen, sie seien zu Verhandlungen über ein Militärbündnis bereit, zu einem Treffen zwischen Schnurre und Astachow. Dabei ging es nicht mehr um quasi wirtschaftliche Konsultationen, sondern um jene „*enge außenpolitische Zusammenarbeit*", an der Moskau wiederholt Interesse gezeigt hatte. Im Verlaufe des „*Arbeitsessens*" bei Borchard erläuterte Schnurre den Russen drei Etappen einer möglichen Zusammenarbeit mit der Sowjetunion: dem Abschluß eines Kredit- und Wirtschaftsvertrages sollte eine Normalisierung und substantielle Besserung der politischen Beziehungen folgen, einschließlich einer „*Achtung des wissenschaftlichen Schaffens des anderen Landes*". Die Endetappe könnte eine Wiederherstellung gutnachbarlicher politischer Beziehungen mit sich bringen, entweder in Anlehnung an den früheren Berliner Vertrag von 1926 oder durch eine völlige Neuordnung unter Berücksichtigung der beiderseitigen lebenswichtigen politischen Interessen.

Schnurre drückte zweifelsohne nicht seine eigene Meinung aus, wenn er unter anderem feststellte, daß von der Ostsee bis zum Schwarzen Meer und dem Fernen Osten keine unüberwindlichen Schwierigkeiten bestünden, die eine solche Neuordnung ausschließen würden. Bei aller Verschiedenheit der Weltanschauung käme ein Gemeinsames in der Ideologie Deutschlands, Italiens und der Sowjetunion hinzu: eine Gegnerstellung gegen die kapitalistische Demokratie. Wörtlich versicherte Schnurre, „*wir haben ebenso wenig wie Italien etwas gemeinsam mit dem Kapitalismus des Westens. Deshalb scheint es uns reichlich paradox, wenn die Sowjetunion als sozialistischer Staat sich jetzt ausgerechnet an die Seite der westlichen Demokratien stellen wolle.*"

Die für einen Botschafter außergewöhnliche und geradezu beleidigende Ausschaltung aus wirtschaftlich verbrämten, aber im wesentlichen hochpolitischen Verhandlungen, konnte Schulenburg nur recht sein. Von ihm war ohnehin eine Stellungnahme ideologischer Natur — wie sie Schnurre gab — nicht zu erwarten.

Am 28. Juni erklärte Schulenburg in einer Routine-Besprechung mit Molotow, daß „*Deutschland keine bösen Absichten gegen die Sowjetunion hege, zumal der Berliner Vertrag* (von 1926) *noch in Kraft sei*". Die Handelsbesprechungen wurden in Gang gehalten und Anfang Juli nahm ein Sowjetoffizier überraschenderweise zum erstenmal seit Jahren eine Cocktaileinladung bei General Köstring an. Auf der diplomatischen „Nachrichtenbörse" in Moskau wurden derartige „Kursschwankungen" genauestens registriert.

Die Wirtschaftsverhandlungen mit dem harten Partner Mikojan schienen Anfang Juli in eine Sackgasse geraten zu sein. Schulenburg befürchtete eine Abberufung und beauftragte seinen Stellvertreter von Tippelskirch, dem Auswärtigen Amt zu versichern, daß „*die Botschaft und insbesondere Schulenburg das Menschenmögliche getan hätten, jedoch außerstande wären, Molotow und Mikojan durch das Brandenburger Tor zu zerren.*"

Am 31. Juli erhielt Schulenburg eine Weisung des Staatssekretärs Weizsäcker festzustellen, ob die von Schnurre gegenüber Astachow und Babrin gemachten Ausführungen in Moskau Resonanz gefunden hätten. Bei einer erneuten Besprechung mit Molotow sollte er weiterhin sondieren,

„und falls Molotow aus seiner Reserve heraustreten sollte, in der polnischen wie in der baltischen Frage Zugeständnisse in Aussicht stellen, die lebenswichtige sowjetische Ostseeinteressen respektieren würden".

Am 3. August unterhielt sich Schulenburg erneut mit Molotow und berichtete nach Berlin, daß seine Mitteilungen ihn beeindruckt hätten, *„trotzdem wird es erheblicher Anstrengungen unsererseits bedürfen, um einen Umschwung bei der Sowjetregierung herbeizuführen."*

In den folgenden Tagen wurde Schulenburg mit Telegrammen aus Berlin überschüttet. In einem halb amtlichen Schreiben vom 2. August unterrichtete ihn Schnurre über die deutsch-sowjetischen Handelsbeziehungen und setzte in einem geheimzuhaltenden Postskriptum hinzu: *„Politisch wird das Problem Rußland mit einer außergewöhnlichen Dringlichkeit hier behandelt. Ich habe in den letzten 10 Tagen mindestens eine mündliche oder telefonische Besprechung mit dem Herrn Reichsaußenminister gehabt und weiß, daß er auch mit dem Führer in einem ständigen Meinungsaustausch hierüber steht. Es kommt dem Herrn Reichsaußenminister darauf an, die Frage Rußland nicht nur nach der negativen Seite hin (Störung der englischen Verhandlungen), sondern auch nach der positiven Seite hin (Verständigung mit uns) möglichst rasch zu irgendeinem Ergebnis zu bringen."*

Am 3. und 4. August telegrafierten Ribbentrop sowohl wie Weizsäcker nach Moskau *„betreffend einer Neugestaltung deutsch-russischer Beziehungen und einer Konkretisierung des Interessenausgleichs".* In einem ausführlichen Drahterlaß versuchte Ribbentrop, die Dringlichkeit dieses deutschen Wunsches herunterzuspielen. Das Gespräch mit dem sowjetischen Geschäftsträger Astachow habe er *„im Ton der Gelassenheit geführt"* und zu verstehen gegeben, *„daß wir in der großen Politik keine Taktik betreiben wie die demokratischen Mächte. Wir hätten Gewohnheit,* *auf solidem Boden zu bauen, brauchten auf schwankende öffentliche Meinung keine Rücksicht zu nehmen und wünschten keine Sensationen. Die Wahl liege bei Moskau."*

Stalin fühlte sich von beiden Seiten umworben und versuchte daraus Kapital zu schlagen; abwechselnd gab er jeder Verhandlungen suchenden Seite eine Ermutigung, dem Reich wie auch den westlichen Demokratien. Da er in Hitler den entschlosseneren und potentiell stärkeren Verhandlungspartner — oder Gegner — erkannte, fiel ihm die endgültige Wahl nicht schwer.

Mit der sich zuspitzenden, von Hitler provozierten Polenkrise meldeten sich im Westen weitere warnende Stimmen, die des US-Präsidenten Roosevelt und des Papstes Pius XII. Am 6. August 1939 reiste eine britisch-französische Militärdelegation nach Moskau ab, um sich mit der Sowjetunion über etwaige gemeinsame Maßnahmen gegen Hitlers Aggressionen zu verständigen. Die ultimative Forderung der sowjetischen Militärs nach einem Durchmarschrecht durch polnisches und rumänisches Territorium schloß jedoch eine kurzfristige Einigung aus. Hitler stützte sich seinerseits auf die Beteuerung Ribbentrops, daß die Westmächte im Kriegsfalle gegen Polen nicht eingreifen würden, und *„wenn das trotzdem geschähe, würde er allerdings den Kurs ändern; er werde sich hierüber in nächster Zeit Gewißheit verschaffen"*.

Nachdem die politischen Vorverhandlungen des Kreml mit den Briten und Franzosen unbefriedigend verlaufen waren, zeigte der Beginn der militärischen Besprechungen, daß man dieselben russischerseits nur benutzte, um den eigenen Verhandlungswert gegenüber Hitler zu steigern. Chamberlain, der ein Doppelspiel alten Stils versucht hatte und neben den ihm höchst widerwärtigen Verhandlungen mit der Sowjetunion eine *„weltpolitische Partnerschaft"* mit dem Reich anstrebte, sah sich *„at the end of his wits"*. Der amerikanische Historiker Karl Schorske vertritt die Auffassung, daß auch die beiden deutschen Botschafter alter Schule, Dirksen in London und Schulenburg in Moskau, *„nicht irrational genug waren, um die seltsame diplomatische Situation vom August 1939 realistisch zu bewerten"*. Schulenburg schrieb noch am 7. August routinemäßig an Schnurre: *„Ich glaube, daß wir den Sowjets doch ein paar tüchtige Flöhe ins Ohr gesetzt haben. Bei jedem Wort und bei jedem Schritt merkt man das sehr große Mißtrauen uns gegenüber ... das leicht entflammt und nur schwer und langsam wieder beseitigt werden kann."* Was ihm nicht bekannt sein konnte, war die Schlußfolgerung, die Ribbentrop aus den Berichten seiner Londoner und Pariser Kollegen gezogen hatte. Demzufolge waren weder England noch Frankreich bereit, für Danzig in den Krieg zu ziehen und somit stand einer gewaltsamen Lösung der Korridorfrage nichts mehr im Wege, falls man sich hinsichtlich Polens und der baltischen Staaten mit der Sowjetunion verständigen könnte.

Während Schulenburg noch am 14. August berichtete, die Verhandlungen mit der britisch-französischen Militärmission in Moskau würden sicherlich lange andauern, sich damit einverstanden erklärte, daß die politischen Gespräche mit der Sowjetunion in Berlin fortgesetzt werden sollten und sich nur zu deren Beschleunigung gelegentliche Gespräche mit Molotow, dem *„merkwürdigen Mann und schwierigen Charakter"* vorbehielt, entwarf Ribbentrop bereits seinen dramatischen Vorschlag, Stalin persönlich zu besuchen. Am Nachmittag des 14. August erhielt Schulenburg die Eildepesche Ribbentrops, in der er aufgefordert wurde, am nächsten Tage bei Molotow seinen Besuch anzukündigen. Gegen fünf Uhr morgens gingen bei der Botschaft in Moskau die drahtlichen Instruktionen ein und um acht Uhr abends wurde Schulenburg im Kreml empfangen. Das sensationelle Verhandlungsangebot Ribbentrops enthielt nichts Geringeres als den Vorschlag, nicht nur ein deutschrussisches Freundschaftsverhältnis wieder herzustellen, sondern gegebenenfalls auch territoriale Fragen Osteuropas gemeinsam zu klären. Ribbentrop konnte es sich nicht versagen, darauf hinzuweisen, daß *„nach den bisherigen Erfahrungen diese Klärung durch den üblichen diplomatischen Kanal nur langsam herbeigeführt werden könne"*; er sei daher bereit, selbst nach Moskau zu fliegen, *„um namens des Führers Herrn Stalin die Auffassungen des Führers auseinanderzusetzen"*.

Bevor Schulenburg in den Kreml fuhr, nahm er in dem Telegrammtext einige stilistische Änderungen vor. Da Hitler und Ribbentrop Rußland notorisch mit der Sowjetunion identifizierten, setzte Schulenburg durchweg Rußland bzw. russisch für UdSSR und sowjetisch. Die Präambel der Instruktion:

„Der Gegensatz zwischen der nationalen Idee, verkörpert durch das nationalsozialistische Deutschland, und der Idee der Weltrevolution, verkörpert durch die UdSSR", änderte er ab in *„den weltanschaulichen Gegensatz"*, der die alleinige Ursache gewesen sei, daß *„sich Deutschland und Rußland in zwei weltanschaulich getrennten und sich bekämpfenden Lagern gegenüber gestanden haben."* Festzuhalten sei aber, hieß es weiter im Text, *„daß auch während dieser Zeit die natürliche Sympathie der Deutschen für das russische Volk nie verschwunden sei. Hierauf könne die Politik der beiden Staaten neu aufbauen"*. Die *„in nächster Zeit in Berlin und Moskau zu fassenden politischen Entschlüsse würden für die Gestaltung der Beziehungen zwischen dem deutschen und russischen Volk auf Generationen von entscheidender Bedeutung sein."*

Ribbentrop zitierte dabei wörtlich, was Astachow in seinem Berliner Gespräch mit Schnurre bereits formuliert hatte: Beiden Ländern ist es früher immer gut gegangen, wenn sie Freund waren, und schlecht, wenn sie Feinde waren. Er spielte auch die Gegnerschaft *„der kapitalistischen west-*

lichen Demokratien" gegenüber beiden Staaten aus, die erneut versuchten, durch den Abschluß eines Militärabkommens Rußland gegen Deutschland in den Krieg zu hetzen. Und quasi warnend fügte er hinzu: *„1914 ist das russische Regime an dieser Politik zerbrochen"*; es sei daher ein zwingendes Interesse vorhanden, *„daß ein Zerfleischen Deutschlands und Rußlands im Interesse der westlichen Demokratien für alle Zukunft vermieden wird"*.

Als Schulenburg dem Auswärtigen Amt über das Interesse Molotows am Abschluß eines Nichtangriffspaktes berichtete, erhielt er die Weisung, bei Molotow erneut vorzusprechen und ihm zu erklären, daß das Reich bereit sei, einen unkündbaren Vertrag auf die Dauer von 25 Jahren abzuschließen und sich gleichzeitig für eine von den Russen erwünschte Verbesserung der russisch-japanischen Beziehungen in Tokio einzusetzen.

Die Schockwirkung einer solchen Verhandlungsabsicht auf die konservativen Diplomaten und Offiziere blieb nicht aus. Auf die erste Nachricht hin empfing der britische Botschafter den früheren deutschen Botschafter in Rom, von Hassell, mit den Worten *„Tollhaus oder Krankenhaus?"*

Die späteren Mitverschworenen von 1944, Gördeler und Gisevius, berieten eine sofortige Einflußnahme auf den Generalstab. Gisevius glaubte von einer *„durchaus sicheren Person, die das Telegramm an Schulenburg selbst gelesen habe, zu wissen, daß Hitler bereit sei, zu Stalin zu fahren"*. Soviel stand fest, erinnerte sich Gisevius an diese die Opposition entwaffnende Meinung, *„wieder einmal hatte es der Listenreiche geschafft. Der Rücken war frei, die Gefahr des zweiten Weltkrieges schien gebannt, und Polen war bereits aufgeteilt, ehe der erste Schuß fiel"*.

Der Telegrammverkehr zwischen Berlin und der Botschaft in Moskau beschränkte sich in den Tagen zwischen dem 16. und 21. August hauptsächlich auf eine Präzisierung der Vertragsartikel und eine Festlegung des endgültigen Verhandlungstermins. Stalin bestand darauf, daß der Besuch Ribbentrops erst eine Woche nach dem am 19. August vorgesehenen Abschluß des deutsch-sowjetischen Wirtschaftsabkommens erfolgen solle. Ein Tag danach übermittelte Ribbentrop dem Botschafter in Moskau ein Telegramm Hitlers zur Weitergabe an Stalin. Darin hieß es u. a., *„daß es bei der Absicht der beiden Reiche, in ein neues Verhältnis miteinander zu treten, zweckmäßig sei, keine Zeit zu verlieren.“*

Die deutsche und die Weltöffentlichkeit erfuhren von dem für den 23. August vorgesehenen Paktabschluß in Moskau erst zwei Tage zuvor. Die Wirkung einer *„explodierenden Bombe"* traf am stärksten diejenigen doktrinären Parteipropagandisten in Berlin und Moskau, die die nunmehr seit Jahren drohend geschwungene Kriegsaxt begraben und ihren Zuhörern plausibel erklären mußten, daß die Weisheit ihrer respektiven Führer den üblen Machenschaften und Spekulationen westlicher Demokratien zuvorgekommen sei. In den USA wurde das bevorstehende Abkommen *„als diplomatisches Meisterstück Hitlers und als schwerste Niederlage Englands und Frankreichs seit München"* bezeichnet. Die vorwiegend anti-isolationistisch eingestellte Presse versprach sich jedoch davon eine Abschaffung des Neutralitätsgesetzes und eine aktivere Unterstützung der westlichen Demokratien durch Roosevelt.

In der am 22. August an sämtliche deutschen Auslandsvertretungen versandten Sprachregelung Weizsäckers hieß es bezeichnenderweise: *„Der russische Bolschewismus hat unter Stalin eine entscheidende Strukturwandlung erfahren. An die Stelle der Idee der Weltrevolution ist die Verknüpfung mit der nationalen russischen Idee und der Gesichtspunkt der Konsolidierung des Sowjetstaates auf seiner jetzigen staatlichen, territorialen und sozialen Grundlage getreten. Auf die Verdrängung des Judentums aus führenden Stellungen der Sowjetunion (Sturz Litwinows*

Anfang Mai) wird in diesem Zusammenhang verwiesen. Selbstverständlich bleibt die innere deutsche Frontstellung gegen den Kommunismus völlig unberührt." Bei der Abfassung dieser Weisung wurde ganz offensichtlich auf die einschlägigen Berichte Schulenburgs und Hilgers zurückgegriffen. Am gleichen Tage rief Hitler die Oberbefehlshaber der deutschen Streitkräfte in Berchtesgaden zusammen und gab ihnen Weisungen hinsichtlich der Kriegsführung gegen Polen sowie eine Versicherung, daß der Abschluß des Nichtangriffspaktes mit der Sowjetunion eine Blockade durch die Westmächte ausschließen und eine Versorgung mit lebens- und kriegswichtigen Rohstoffen durch die Sowjetunion sicherstellen würde.

Die Verhandlungen zwischen Ribbentrop, Molotow und Stalin dauerten vom 23. bis 25. August und wurden mit der Unterzeichnung eines Nichtangriffs- und Konsultationspaktes abgeschlossen. Schon bei der ersten Besprechung stellte es sich heraus, daß Stalin das Endergebnis dieser Verhandlungen davon abhängig machte, daß gewissermaßen als Vorleistung die lettländischen Häfen Libau und Windau, die an der eisfreien Ostsee gelegen sind, als *„russische Interessensphäre"* anerkannt werden sollten.

In der Nacht vom 23. zum 24. August wurde von den drei Verhandlungspartnern eine weltpolitische Revue vorgenommen, bei der beide Seiten ihre Beziehungen zu England und Frankreich, aber auch zu anderen europäischen Ländern und zu Japan eingehend erörterten. Selbst der Antikomintern-Pakt wurde als ein *„gegen die westlichen Demokratien"* gerichteter bezeichnet, von dem es im Berliner Volksmund — nach Ribbentrop — bereits hieße, Stalin würde demselben noch selbst beitreten (!).

Dem Nichtangriffsvertrag vom 23. August 1939 wurde ein strenggeheimes Zusatzprotokoll beigegeben, dessen voller Wortlaut der Weltöffentlichkeit erst während des Nürnberger Prozesses bekannt wurde. Darin einigten sich die beiden vertragsschließenden Teile in der *„Frage der Abgrenzung ihrer beiderseitigen Interessensphären in Osteuropa"*. Für den Fall *„einer territorial-politischen Umgestaltung"* in den zu den baltischen Staaten (Finnland, Estland, Lettland, Litauen) und zum polnischen Staate gehörenden Gebiete sollten die nördliche Grenze Litauens sowie die Linie der Flüsse Ndrew, Weichsel und San die Interessensphäre Deutschlands begrenzen. Der Anspruch Litauens auf das (damals polnische) Wilnaer Gebiet und das Desinteresse Deutschlands an dem rumänischen Bessarabien wurde ebenfalls schriftlich festgelegt.

Das Einmalige und Unheimliche dieses *„als Teufelspakt"* in die Weltpolitik eingegangenen Vertrages war Schulenburg bewußt. Stalin hatte bis dahin an keinen internationalen Verhandlungen teilgenommen und jeden Kontakt mit Ausländern vermieden. Er zeigte sich bei den Verhandlungen mit Ribbentrop sachlich unterrichtet, klar und prägnant formulierend, den Deutschen gegenüber geradezu leutselig und entsprechend seiner geschmeidigen Verhandlungsweise *„deren Wachsamkeit einschläfernd"*.

Man könne sich vorstellen, *„wie dem Grafen Schulenburg und mir zu jener Zeit zumute war, als wir die maßgebenden Führer der Sowjetunion näher kennenlernten als uns lieb war"*, äußert Hilger in seinem Erinnerungsbuch *„Wir und der Kreml"*. *„Wenn wir trotzdem an den Bemühungen um eine Verständigung mit der Sowjetunion ehrlich mitwirkten"*, fährt er fort, *„so geschah dies in der Hoffnung, daß sich ein Nichtangriffspakt als ein Instrument des Friedens erweisen könnte."*

Der amerikanische Historiker Carl E. Schorske stellte in diesem Zusammenhang die berechtigte Frage, inwieweit Schulenburg eigentlich die Welt im August 1939 verstanden hätte. Bis zu dem telegrafisch angekündigten Besuch von Ribbentrop in Moskau blieb er in seiner Beurteilung eines deutsch-sowjetischen Approachements skeptisch und zurückhaltend. Stalin und anderen Mitgliedern des Politbüros war er zuvor nicht begegnet und selbst mit Litwinow hatte er keine inhaltsschweren Verhandlungen geführt. Er stützte sich in seiner Berichterstattung begreiflicherweise auf seinen langjährigen Umgang mit jenen Vertretern des sowjetischen Einparteienstaates, die ihr Mißtrauen dem in Deutschland etablierten gegnerischen Einparteiensystem unverhohlen zur Schau trugen. Die durch den deutsch-sowjetischen Pakt verursachte *„diplomatische Revolution"* verstand er daher mehr als eine letzte Konsequenz der traditionellen Realpolitik, als ein nur dialektisch zu begreifendes Ereignis, das bei einem autoritären Regime selbst eine Auswechselbarkeit der ideologischen Nahkampfziele beinhaltete. An dem Zustandekommen des Paktes war Schulenburg in keiner Weise beteiligt; am allerwenigsten hatte er Ribbentrop und Hitler durch seine Berichte dazu ermutigt. Schulenburg war jedoch überzeugt, daß die russische Rückendeckung, bei der Hitler den Schatten Bismarcks beschwor, England und Frankreich veranlassen würde, Polen zur Annahme der deutschen Forderungen (Rückgabe von Danzig und Einrichtung eines exterritorialen deutschen Korridors durch den polnischen *„Korridor")* zu zwingen. Selbst als es sich herausstellte, daß Hitler nicht eine Verständigung mit Polen, sondern in Absprache mit Stalin dessen neuerliche Aufteilung anstrebe, glaubte Schulenburg noch immer, daß ein zweiter Weltkrieg durch den deutsch-sowjetischen Vertrag vermieden werden könnte.

Dem deutschen Angriff gegen Polen am 1. September 1939 folgte jedoch zwei Tage später die Kriegserklärung durch England und Frankreich.

Noch am gleichen Tage erhielt Schulenburg die Weisung aus Berlin, der Sowjetregierung nahezulegen, die Konsequenzen aus dem geheimen Zusatzprotokoll zu ziehen und Polen von Osten her anzugreifen. Von Stalin war jedoch kein voreiliges Handeln zu erwarten. Noch am 10. September erklärte Molotow, die Rote Armee würde noch einige Wochen für ihre Vorbereitungen für den Einmarsch benötigen. Erst am 17. September wurden Schulenburg, Köstring und Hilger um 2 Uhr nachts zu Stalin gebeten, der ihnen eröffnete, daß die Rote Armee um 6 Uhr früh die sowjetisch-polnische Grenze von Polozk bis Kamenez-Podolsk überschreiten würde. In der zu veröffentlichenden Presseverlautbarung würde es heißen, daß die Sowjetregierung infolge des Zerfalls des polnischen Staates sich verpflichtet fühle, „*zum Schutz ihrer ukrainischen und weißrussischen Brüder einzugreifen*".

Es war naheliegend, daß Schulenburg die Frage stellte, gegen wen denn die Ukrainer und Weißrussen geschützt werden sollten, wenn sich nur deutsche und sowjetische Truppen auf polnischem Territorium befänden. Die Verlautbarung wurde von Stalin persönlich stilistisch redigiert, und in diesem Zusammenhang fiel gegenüber Schulenburg seine höchst bemerkenswerte Äußerung: „*Vergessen Sie nicht, daß auch die alten Römer nicht nackt in die Schlacht zogen, sondern sich mit Schilden deckten. Heute spielen geschickt abgefaßte politische Kommuniqués die Rolle solcher Schilde, die uns vor der öffentlichen Meinung unserer Völker zu schützen haben.*" Stalins Fassung fand sofort die anerkennende Billigung Hitlers.

Es bestand kein Zweifel, daß beide Diktatoren sich sowohl im gemeinsamen völkerrechtswidrigen Handeln wie in einer gemeinsamen menschenverachtenden Sprache fanden. Stalin war von Hitlers Vorgehen gegen die westlichen Demokratien nicht weniger beeindruckt als Hitler von der Alleinherrschaft des Georgiers im sowjetischen Staat und in dessen Einheitspartei. Stalins Bewunderung schlug später in abgrundtiefen Haß und Verachtung um, während Hitler in seinem Widersacher den einzigen bedeutenden Zeitgenossen verehrte und noch kurz vor seinem Ende die

Zukunft den Ostvölkern verhieß, die eine stärkere Nervenkraft und eine größere „*Gefolgschaftstreue*" bewiesen hätten.

Am 25. September eröffnete Stalin dem deutschen Botschafter, daß ihm „*die Belassung eines selbständigen Restpolens abwegig erscheine*". Die im geheimen Zusatzprotokoll festgelegte Demarkationslinie sollte daher in der Weise abgeändert werden, daß in Zukunft keine Reibungsflächen zwischen Deutschland und der Sowjetunion mehr entstehen könnten. Die Sowjetunion erwarte daher eine vorbehaltlose Unterstützung der Reichsregierung hinsichtlich der „*endgültigen Lösung des Problems*" der baltischen Staaten und Polens, wie sie im Vertrag vom 23. August verabredet war.

Zu den von Stalin vorgeschlagenen neuen Verhandlungen traf Ribbentrop am 27. September zu seinem zweiten Besuch in Moskau ein. Nach außen hin wurden diese Verhandlungen vom 27. bis 29. September mit der Unterzeichnung eines Grenz- und Freundschaftspaktes begründet; in Wirklichkeit beinhalteten sie sowohl die Abgrenzung der Einflußsphären als auch eine Umsiedlung aller Deutschen aus den sowjetischen Einflußgebieten und schließlich die Vereinbarung eines gegenseitig begünstigenden Warenaustauschvertrages.

1940

Während in Deutschland der Schock eines Krieges mit England und Frankreich durch den in knapp vier Wochen beendeten Polenfeldzug sowie die Verständigung mit der Sowjetunion gemildert erschien, empfand es die Bevölkerung der Sowjetunion zumindest als eine Erleichterung, daß ihr vom Westen her kein Krieg mehr drohte und daß die Deutschen durch eine Überlassung der baltischen Staaten der Sowjetunion das *„Fenster nach Europa"* wieder geöffnet hatten. In Parteikreisen wurde dagegen auf beiden Seiten an der Überzeugung festgehalten, daß es sich nicht um eine Liebesheirat, sondern um eine Vernunftsehe handele, die jederzeit wieder rückgängig gemacht werden könne.

Anfang 1940 war Hitler mit der Vorbereitung der Westfeldzüge beschäftigt, die zu einem Einmarsch deutscher Truppen in Holland, Belgien und zu einem Durchbruch nach Frankreich führten. In dieser Zeit erhielt er einen längeren Brief von Mussolini (vom 4. Januar), in dem der italienische Diktator ausführte, daß eine weitere deutsch-sowjetische Annäherung in Italien katastrophale Auswirkungen haben könnte. Aus innenpolitischer Besorgnis ermutigte er daher Hitler zu einem Ostfeldzug. *„Unsere beiden Revolutionen"*, schrieb er, *„werden ihr Ziel erst dann erreichen, wenn wir den Moskauer Bolschewismus vernichtet haben ... die Lösung Ihres Lebensraumproblems liegt in Rußland und nicht anderswo."* Man kann dieses Schreiben auch als ein Ablenkungsmanöver ausdeuten, denn am 10. Juni trat Italien in den Krieg ein, um an der französischen Kriegsbeute (Nizza, Korsika und die afrikanischen Kolonien) zu partizipieren. Hitler waren die eigentlichen Beweggründe dieses Schreibens sicherlich genau bekannt, denn er beantwortete dasselbe ausweichend und unverbindlich erst zwei Monate später.

Hitler selbst schien bis zum Frühsommer 1940 überzeugt zu sein, daß die mit der Sowjetunion abgeschlossenen Verträge zumindest für einige Jahre die Grundlage eines für beide Teile vorteilhaften Verhältnisses bilden würden. Die militärischen Anfangserfolge und die diplomatischen Augenblickserfolge hatten bei ihm dazu geführt, daß er den Gedanken, daß Stalin ein durch den Krieg geschwächtes Deutschland unter Druck setzen könnte, zunächst verdrängte. Mit der ihm eigenen Überheblichkeit betrachtete er Stalin als den jüngeren „Geschäftspartner" in der gemeinsam begonnenen Neuverteilung der Einflußzonen in Europa, ein Projekt, das er vorher gemeinsam mit England von Europa auf Afrika und Asien auszudehnen beabsichtigte.

Der Zweiteilung Polens folgte die Eingliederung der baltischen Freistaaten in den Verband der Sowjetrepubliken. Bei der Einverleibung Litauens entstand allerdings eine erste Trübung des Freundschaftsverhältnisses, als die Rote Armee den Deutschland vertraglich zugesprochenen südlichen Landeszipfel besetzte. Nach monatelangen Verhandlungen unterzeichneten Schulenburg und Molotow Anfang Januar 1941 ein Geheimprotokoll, durch welches das umstrittene Gebiet gegen 31,5 Millionen Goldmark der Sowjetunion überlassen wurde. Eine weit schwerwiegendere Verletzung des Paktes bestand jedoch darin, daß die Sowjettruppen nicht nur das rumänische Bessarabien besetzten, sondern auch die angrenzende Nordbukowina, die ebensowenig wie Galizien und die Karpatenukraine jemals zum zaristischen Imperium gehört hatten, dessen Grenzen von 1914 Stalin wiederherzustellen trachtete. Die völlige Einverleibung Finnlands scheiterte letzten Endes an dem erbitterten Widerstand, den dieses skandinavische Land im Winterfeldzug von 1939/40 der Sowjetunion leistete.

Erwähnenswert ist in diesem Zusammenhang, daß die „*Washington Post*" 1951 — als die Berichterstattung der deutschen Missionen aus den kritischen Vorkriegsmonaten von 1939 publiziert wurden — der deutschen Berufsdiplomatie ein besonderes Lob ausstellte, die ihrer Regierung *„wahrheitsgetreu und unverfärbt berichtete"* und vor verhängnisvollen Schritten warnte. Dies betraf in gleicher Weise die Berichte Schulenburgs wie die seiner Kollegen in Washington, Paris und London. Dabei wurde der Zweifel ausgedrückt, ob Stalin von seinen Auslandsvertretungen die gleiche wahrheitsgetreue Berichterstattung erhalten habe. Als die Finnen beispielsweise die aus den Archiven der Sowjetgesandtschaft in Helsinki entnommenen Dokumente veröffentlichten, erfuhr man, daß der dortige Gesandte Derewenskij dem Kreml berichtet hätte, die Finnen würden keinen nennenswerten Widerstand leisten. Stalin hatte daraufhin angeordnet, daß der ersten sowjetischen Angriffswelle gleich eine Marionetten-Regierung unter dem Altkommunisten Kuusinen folgen sollte, um sich in den besetzten Gebieten zu etablieren. Der finnische Widerstandswille bewirkte jedoch die Zurücknahme des Schattenkabinetts nach Moskau. Diese Tatsache scheint die oftmals erörterte Frage zu widerlegen, ob die seltsamen Mißerfolge der massierten Roten Armee im finnischen Winterfeldzug 1939/40 nicht eine vorgetäuschte *„Demonstration der Schwäche"* gewesen seien, mit der *„der listenreiche Stalin"* den deutschen Generalstab hätte täuschen und in einen Krieg mit der Sowjetunion hineinziehen wollen. Ungeachtet dessen, daß eine restlose Einverleibung Finnlands — gegen die auch Hitler in dem Vertrag vom September 1939 nichts einzuwenden hatte — mißlungen war, erweiterte der Verständigungsfrieden zwischen Finnland und der Sowjetunion die Leningrad vorgelagerten Gebiete am Finnischen Meerbusen und räumte der Sowjetarmee strategisch wichtige Stützpunkte in der Ostsee ein.

Die unvorhergesehenen Erfolge der deutschen Truppen im Frankreichfeldzug veranlaßten Stalin allerdings, aus dem deutsch-sowjetischen Vertrage von 1939 den größtmöglichen Nutzen zu ziehen und — was auch von sowjetischen Historikern unumwunden zugegeben wird — der Sowjetunion eine verbesserte strategische Position zu verschaffen. Die Sowjetunion hatte ihrerseits auch Grund genug, sich über eine Verletzung der Konsultationspflicht zu beschweren. Deutschland hatte nämlich im ungarisch-rumänischen Gebietsstreit eine Garantie des rumänischen Territoriums übernommen, ohne die Sowjetregierung vorher verständigt zu haben. Da Rumänien auf Grund des deutsch-sowjetischen Vertrages Bessarabien und die Nordbukowina an die Sowjetunion verloren hatte, erschien die Entsendung deutscher „*Lehrtruppen*" nach diesem Lande dem Kreml höchst bedenklich.

Ein Vertrag, der trotz aller gegenteiligen Versicherungen und Beteuerungen auf ideologischer Feindschaft und daher auf gegenseitigem Mißtrauen basierte, mußte notwendigerweise zu einer Konfrontation und zu einem mörderischen Kampfe auf Leben und Tod führen. Während die Hauptakteure das Schicksal herausforderten, fiel den Wissenden und den um den Frieden Bangenden, wie Schulenburg, die Rolle des wehklagenden, aber ohnmächtigen Chores in der antiken Tragödie zu.

Die von dem Sowjetautor Lew Bezymenskij in allen Einzelheiten untersuchte „*Sonderakte Barbarossa*" des deutschen Generalstabes verfolgt die strategischen und taktischen Pläne eines Angriffs auf die Sowjetunion bis ins Frühjahr 1940. Dies entspricht auch dem Zeugnis Hilgers, der Hitlers Größenwahn durch den Frankreichfeldzug gesteigert und ihn auf seinen vorderhand unterdrückten, aber nie aufgegebenen Wunschtraum eines „*Kreuzzuges gegen den Bolschewismus*" zurückgreifen sieht. Diesem ideologisch verbrämten — und daher den kapitalistischen Westmächten keineswegs unwillkommenen — Eroberungsplan lag die Grundidee von Hitlers „*Mein Kampf*" zugrunde, den deutschen *„Lebensraum"* soweit wie möglich gen Osten zu erweitern. Diese von Hitler aus *„großdeutschen"* Schriften des 19. Jahrhunderts zusammengeklaubte *„Weltanschauung"* beruhte auf der Vorstellung von einer nationalökonomischen Sicherstellung der Ernährung und des Wohlstandes, die zumindest seit der sprunghaften Industrialisierung Deutschlands überholt war.

Stalins nicht weniger offensichtlichen und ebenfalls einem reaktionären imperialistischen Denken entstammenden Expansionsbestrebungen bestärkten Hitler in seiner *„Barbarossa"*-Kriegsplanung. Die vielerörterte Frage, ob es sich deutscherseits um einen *„Präventivkrieg"* gehandelt habe, erledigt sich dadurch von selbst.

Im 20. Jahrhundert beginnen Feindseligkeiten zumeist als *„Präventivkriege"*. Selbst Diktaturstaaten machen sich die Sache nicht so leicht wie Friedrich II. von Preußen, der den Schlesischen Krieg ohne jegliche Umschreibung als Eroberungsfeldzug ankündigte, der dazu dienen sollte, die Macht und das Ansehen des Hauses Brandenburg zu vermehren. Für die kriegseröffnende Seite wird heute eine Begründung meist dadurch gegeben, daß man einem feindlichen Angriff zuvorkommen wollte, oder daß man die oftmals selbstausgelösten *„Provokationen"* der Gegenseite als unerträglich angesehen habe.

Hitler begann seine Gewaltaktionen gegen die Nachbarstaaten mit volkspolitischen *„Heim-ins-Reich"*-Parolen; Stalin rechtfertigte die sowjetische Expansion und die Okkupation nachbarlicher Länder und Gebiete mit der Pflicht *„zum Schutz der ukrainischen und weißrussischen Brüder"* und zur Befreiung der Arbeiterklasse von kapitalistischer Ausbeutung.

Der Hauptunterschied zwischen den beiden Diktaturen bestand darin, daß Hitler Vorteile aus fortgesetzten Provokationen und Aggressionen zu gewinnen suchte, während Stalin sprungbereit abzuwarten verstand, jede Entwicklung behutsam beobachtete, das gesamte Pro und Kontra genauestens erwog und erst dann gezielt zuschlug, wenn ihm eine Aktion nach allen Seiten hin vollkommen abgesichert erschien.

Auch sowjetische Autoren geben zu, daß der Abschluß des Paktes von 1939 die Aggression Hitlers um zwei Jahre verzögerte, das militärische Vorfeld der Sowjetunion durch die Einverleibung westlicher Nachbargebiete verbesserte und der sowjetischen Rüstungsindustrie einen Zeitvorsprung gewährte.

Konsequenterweise verteidigte daher der Sowjetgeneral P. Schilin noch 30 Jahre nach Ausbruch des Zweiten Weltkrieges diesen Pakt gegen jene *„bürgerlichen Ideologien"*, die der Sowjetunion eine Mitwirkung an dessen Entfesselung zuschreiben. Seiner Meinung nach hätten die Westmächte hinsichtlich der Tschechoslowakei und Polens schändlichen Verrat verübt, indem sie das Angebot der Sowjetunion, *„praktische Maßnahmen zur kollektiven Rettung des Friedens zu ergreifen"*, nicht angenommen und dadurch Hitler 1939 vor einem Zweifrontenkrieg bewahrt hätten. Angesichts der Isolierung der Sowjetunion, die durch die feindselige Politik Englands und Frankreichs geschaffen worden sei, *„entschieden sich die sowjetische Regierung und Partei für den Nichtangriffspakt mit Deutschland, um dadurch eine Atempause zu gewinnen."*

Stalin hatte sicherlich mit einer viel längeren *„Atempause"* gerechnet. Die Sowjetunion erfüllte weitgehend das umfangreiche Lieferungsprogramm von wichtigen Rohstoffen (Erdöl, Roheisen, Chromerz, Platin, Phosphate, Baumwolle, Futtergetreide) im Werte von insgesamt 600 Millionen Reichsmark. Diese Lieferungen waren ein Ergebnis der beiden Kreditabkommen vom 19. August 1939 und vom 11. Februar 1940. Deutschland war demgegenüber mit seinen eigenen Lieferungen industrieller Erzeugnisse, Verfahren und Einrichtungen, aber auch von Kriegsgeräten in

Verzug geraten. Die sich deutlich abzeichnende Krise in den deutsch-sowjetischen Beziehungen veranlaßte Ribbentrop, im Auftrage von Hitler am 13. Oktober 1940 an Stalin zu schreiben und direkte Verhandlungen vorzuschlagen, um alle Unstimmigkeiten aus dem Wege zu räumen.

Schulenburg, der nicht ohne Sorge die Verschlechterung der Beziehungen zur Sowjetunion beobachtete, meinte in dem Schreiben Ribbentrops *„einen Unterton der Aufrichtigkeit"* (Hilger) festzustellen und begrüßte lebhaft die Einladung Molotows nach Berlin. Das neunzehn Seiten lange Elaborat Ribbentrops beantwortete Stalin mit einem knappen Einverständnis, das er mit einem ironisch gemeinten Dank für *„die lehrreiche Analyse der Ereignisse"* verband.

Die Molotow-Delegation, begleitet von Schulenburg und Hilger, hielt sich in Berlin vom 12. bis 14. November 1940 auf.

An diesen beiden Tagen führte Molotow zwei ausgedehnte Gespräche mit Hitler, zwei mit Ribbentrop und besuchte außerdem Heß und Göring. Die sowjetische Darstellung dieser Besprechungen mit Hitler unterscheidet sich durch Auslegung und Gewichtverlagerung von der deutschen in ganz wesentlichen Punkten. Während die deutschen Teilnehmer Hilger und Paul Schmidt sich darüber einig sind, daß Hitlers Absicht darin bestand, die Sowjetunion in Richtung auf den Persischen Golf abzudrängen, wobei seine Absicht zutage trat, die sowjetischen Interessen in Europa weitgehend einzuengen, sind die Sowjetdolmetscher V. Bereschkow und L. Bezymenskij der Auffassung, daß *„die wiederholten Vorschläge Hitlers und Ribbentrops zu einer Aufteilung der Welt auf strikte sowjetische Weigerung, darüber auch nur zu reden, gestoßen sei"*. Aus den Protokollen geht jedoch eindeutig hervor, daß Hitler, davon ausgehend, daß der Krieg für Deutschland angeblich gewonnen sei, ganz allgemein hinsichtlich seiner Verständigungsbereitschaft über die Konkursmasse sprach, die sich aus einer unabwendbaren Niederlage Englands ergeben würde.

Molotow beharrte dagegen auf einer Klärung ganz konkreter Fragen. So forderte er zum Beispiel von Hitler die Zurückziehung deutscher Truppen aus Finnland und erklärte, eine Garantie der rumänischen Grenzen durch Deutschland sei eine Verletzung der Konsultationspflicht. Darüber hinaus unternahm er durchaus unzweideutige Vorstöße hinsichtlich einer weiteren Neuregelung der politischen Verhältnisse auf den Balkan, wobei der Wunsch offensichtlich wurde, in die sowjetische Einflußsphäre nicht nur Rumänien und Bulgarien, sondern auch den Bosporus und die Dardanellen einzubeziehen. Am zweiten Verhandlungstage bekundete Molotow das Interesse der Sowjetunion an einer freien Durchfahrt aus dem Schwarzen Meer sowie aus der Ostsee.

All diese Fragen wurden nach Molotows Rückkehr nach Moskau der Reichsregierung in einem Memorandum vom 25. November noch einmal unterbreitet. Eine Antwort aus Berlin blieb trotz wiederholter Anmahnung russischerseits aus, denn Hitler war nunmehr zu der Überzeugung gelangt, daß die Sowjetunion es mit ihren Forderungen durchaus ernst meine und versuchen würde, diese bei dem ersten Schwächezeichen auf deutscher Seite durchzusetzen. Am 18. Dezember 1940 erließ er daher die Weisung Nr. 21 an den Generalstab, unter dem Codenamen *„Unternehmen Barbarossa"* einen Angriffsplan gegen die Sowjetunion auszuarbeiten. Diese Weisung begann mit den Worten: *„Die deutsche Wehrmacht muß darauf vorbereitet sein, ... Sowjetrußland in einem schnellen Feldzug niederzuwerfen."*

Zwei Tage nach Molotows Besuch traf in Berlin der rumänische Ministerpräsident Antonescu ein, um für sein durch Gebietsabtretungen an die Sowjetunion und Ungarn geschwächtes und gefährdetes Land eine politische und wirtschaftliche Hilfeleistung zu erwirken. Hitler hörte sich nicht ungern die Argumentationen Antonescus an, die darin gipfelten, daß die Rumänen 500 Jahre lang gegen die Russen gekämpft und sie an der Donau aufgehalten hätten. Wäre der Bolschewismus auch nur vorübergehend nach Rumänien eingedrungen, fuhr er fort, so hätte er die nationale Intelligenz restlos ausgemerzt bzw., wie dies in anderen von Rußland besetzten Gebieten geschehen sei, ermordet oder nach Sibirien abtransportiert. Hitler bestätigte Antonescu, daß im Falle Rumäniens *„ein volklich gemeinsames Interesse an der Eindämmung der slawischen Welle bestehe."* Er habe daher in seinen Besprechungen mit Molotow versucht, eine Neuorientierung der russischen Expansion herbeizuführen und ihm gleichzeitig die deutschen Garantien für den weiteren staatlichen Bestand Rumäniens und Finnlands bestätigt.

Am Tage darauf empfing Hitler den bulgarischen Gesandten Draganoff, der die Bedenken seiner Regierung gegen einen Beitritt zum Dreimächtepakt anmeldete. Bei den in Bulgarien vorhandenen großen Sympathien für Rußland würde ein militärisches Einschreiten der Sowjetunion als berechtigt empfunden werden. Hitler schob diese Bedenken beiseite und versicherte, *„Stalin sei ein zu kluger Geschäftsmann und würde sich nicht* (Bulgariens wegen) *mit der stärksten Militärmacht der Welt einlassen"*. Und wenn er dies täte, so *„würde dann die russische Armee in drei Monaten fertig sein, denn der Begriff der russischen Armee sei kaum mehr als ein Name* (!). *Er sei im Gegenteil überzeugt, daß Rußland mit Deutschland zu einem noch engeren Verhältnis, zu einem Pakt kommen wolle, aber er zöge es vor, vollzogene Tatsachen zu schaffen, besonders Rußland gegenüber, und habe die feste Überzeugung, daß Rußland dann darauf ausginge, anderswo Geschäfte zu machen"*.

Wie sehr die Beziehungen zwischen Deutschland und der Sowjetunion durch wechselseitige Fehleinschätzungen und Mißverständnisse gekennzeichnet waren, macht Gafencu, der rumänische Gesandte in Moskau, deutlich, wenn er in seinem Buch „*Vorspiel zum Krieg im Osten*" schreibt, daß die Rückkehr Molotows aus Berlin am 21. November mit einer Galavorstellung der „*Walküre*" in Sergej Eisensteins Inszenierung gefeiert wurde. Er fragt sich, ob die Kremlführung ein Vorgefühl des Endes der deutsch-sowjetischen Verständigung gehabt habe. In der Zarenloge des Bolschoj-Theaters sei das gesamte achsenfreundliche diplomatische Korps versammelt gewesen und „*alle Ehren wurden Graf Schulenburg erwiesen, der sich bemühte, keinen Ton der Akkorde zu verlieren, die zum Ruhm seines Versöhnungswerkes erklangen. Aber trotz des guten Willens verblüffte und enttäuschte die Aufführung ... Den erhabenen Gestalten der germanischen Sage hatte die Regie den Rhythmus eines Kosakenballetts verliehen. Geschmeichelt und bestürzt zugleich folgten die deutschen Zuschauer, nicht ohne Bangigkeit, diesem so bezeichnenden Schauspiel gegenseitigen Nichtverstehens, das bereits die Götterdämmerung ankündigte*".

1941

Ebensowenig wie Schulenburg glaubte auch General Köstring zu diesem Zeitpunkt an kriegerische Absichten Stalins. Obwohl er durch den Generalstabschef Halder über die Offensivpläne Hitlers unterrichtet war, wagte er es in seinen Berichten aus Moskau, von *„unverantwortlichem Gerede"* auch dann noch zu schreiben, als die Vorbereitungen für das Unternehmen Barbarossa voll im Gange waren. Die Schätzungen der sowjetischen Streitkräfte schwankten beim deutschen Generalstab zwischen 175 und 233 Divisionen und Brigaden mit einer Gesamtstärke von 4,7 Millionen Mann, denen 150 deutsche Divisionen mit 1,5 Millionen Mann gegenübergestellt werden sollten. Die Erfolgschance, wie Hitler sie sich ausgerechnet hatte, bestand daher in einem überraschenden Panzerangriff in Verbindung mit einer gleichzeitigen Ausschaltung der russischen Luftwaffe. In der Weisung Nr. 21 hieß es daher wörtlich: *„In einer raschen Verfolgung ist dann eine Linie zu erreichen, aus der die russische Luftwaffe reichsdeutsches Gebiet nicht mehr angreifen kann."*

Stalin versäumte nichts, um die von ihm ausgehandelte *„Atempause"* gebührend auszunutzen und die sowjetische Aufrüstung voranzutreiben. Um einer Verschlechterung der Beziehungen vorzubeugen, wurden ab März 1941 die sowjetischen Lieferungen wieder erhöht, obwohl die deutschen immer mehr in Rückstand gerieten.

Da die Anwesenheit starker deutscher Truppenverbände in Rumänien nicht mehr zu leugnen war, erhielt die Botschaft in Moskau bereits im Februar 1941 die Weisung *„die Mitglieder der dortigen Mission und etwaige Vertrauensleute in geeigneter Rollenverteilung anzusetzen"*, um darauf hinzuweisen, daß es sich um fast 700.000 Mann handele, die *„allen Eventualitäten auf dem Balkan von irgendwelcher*

Seite her überlegen" seien. Ein neuer Anlaß zu sowjetischer Besorgnis und entsprechenden Demarchen des Sowjetbotschafters in Berlin, W. Dekanosow, ergab sich aus dem erzwungenen Beitritt Bulgariens zum Dreimächtepakt und einer Verlegung deutscher Truppen auf bulgarischen Boden.

Schulenburg versuchte Molotow bei seinem Besuch am 3. März zu beschwichtigen, erhielt aber eine Notiz ausgehändigt, in der es hieß, daß ungeachtet aller sowjetischen Einsprüche *„die Reichsregierung es als möglich erachtet hat, den Weg der Verletzung der Sicherheitsinteressen der UdSSR zu beschreiten, und beschlossen hat, Bulgarien militärisch zu besetzen"*. In seiner eigenen Stellungnahme verwies Schulenburg darauf, daß die Sowjetregierung trotz der *„in so betonter Form geäußerten Besorgnis keine weiteren Schritte unternehmen wird"*. Er konnte sich auch darauf berufen, daß in der Sowjetpresse berichtet worden sei, daß deutsche Truppen im *„Einverständnis mit der bulgarischen Regierung in Bulgarien eingerückt seien"*.

Für die sich verdichtenden Kriegsgerüchte in der Moskauer Diplomatenkolonie ist ein Bericht Schulenburgs vom 12. März 1941 aufschlußreich, in dem er von seiner Begegnung mit der Gattin des amerikanischen Botschafters Steinhardt berichtet. Sie hätte ihn *„mit Tränen in den Augen gebeten, ihr die Wahrheit zu sagen, ob es stimme, daß es in aller kürzester Frist einen deutsch-sowjetischen Krieg geben werde, denn sie möchte nicht in diesem Lande mit ihrer Tochter in eine Falle geraten, aus der sie dann später vielleicht nicht mehr herauskönne"*. Schulenburg versicherte Frau Steinhardt — deren Gatte darüber auch nach Washington berichtete —, daß es sich bei diesen Gerüchten um leeres Gerede handele, denn die Sowjetregierung sei — *„sehr klug und vorsichtig, sie übersehe das tatsächliche Kräfteverhältnis genau und würde ihrerseits sicher nichts tun, um einen Zwist vom Zaun zu brechen."*

Auch deutscherseits bestünde nicht die geringste Veranlassung, einen Konflikt zu provozieren. Im nächsten Absatz seines Berichts erwähnte jedoch Schulenburg, in der Zeitschrift „*Krokodil*" sei die Zeichnung eines Generals bei der Manöverkritik mit der Unterschrift veröffentlicht worden: „*Meine Herren! Wir müssen jetzt alle Kräfte zusammenraffen, denn binnen kurzem werden wir einen wirklichen Feind haben.*"

Auf die „*Gerüchtemacherei*" durchreisender Reichsdeutscher in der Sowjetunion macht auch das Oberkommando des Heeres das Auswärtige Amt aufmerksam. Dies sei „*für die ruhige Weiterentwicklung der deutsch-russischen Beziehungen sehr bedenklich. Auch fremde Diplomaten, ,wie die jüdische Frau' des US-Botschafters Steinhardt, seien durch solche Gerüchte beunruhigt.*" Das Auswärtige Amt würde daher ersucht, dafür zu sorgen, daß deutsche Reisende Gerüchten über eine unmittelbar bevorstehende deutsch-russische kriegerische Auseinandersetzung auf das energischste gegenübertreten sollten.

Zur Entkräftung aller „*böswilligen Gerüchte*" wurden im gleichen Monat in Moskau die Verhandlungen der gemischten deutsch-sowjetischen Grenzziehungskommission in „*raschem Tempo und beiderseitigem Einvernehmen*" zu Ende geführt. Die provisorische Übereinkunft über eine Aufteilung Polens und die Einigung über die Einflußzonen sollte nach außen hin den Charakter einer endgültigen Grenzregelung erhalten. Eine weitere Tätigkeit der Grenzkommission unter sowjetischer Beteiligung auf deutschem Gebiet wurde jedoch mit einem Schreiben des Unterstaatssekretärs Wörmann vom 28. März an Schulenburg als unerwünscht bezeichnet.

Am 25. März berichtete Schulenburg, daß der japanische Außenminister Matsuoka auf der Durchreise nach Berlin im Kreml ein zweistündiges Gespräch mit Stalin und Molotow gehabt und danach betont habe, „*daß er von der*

Persönlichkeit Stalins stark beeindruckt gewesen sei". Er sei übrigens stets der Meinung gewesen, daß die Beziehungen zwischen Japan und der Sowjetunion gut sein sollten. Vom Auswärtigen Amt erging am Tag danach eine Weisung an die Botschaft in Rom, daß Kommentare, die zu betont Bedeutung und Herzlichkeit des Treffens mit sowjetischen Staatsmännern hervorheben, nicht erwünscht seien.

Eine weitere Zuspitzung des deutsch-sowjetischen Verhältnisses ergab sich Anfang April 1941, als das jugoslawische Kabinett Zvetcoviĉ, das dem Dreimächtepakt beigetreten war, über Nacht gestürzt wurde und die neue Regierung einen Freundschafts- und Nichtangriffspakt mit der Sowjetunion abschloß. Molotow unterrichtete darüber Schulenburg *„in Ausführung der Konsultationspflicht"* im voraus und versicherte, daß derselbe eigentlich gegen eine Kriegsausweitung gerichtet sei und den deutsch-jugoslawischen Vertrag in keiner Weise berühre. Allen Vorstellungen Schulenburgs gegenüber erklärte Molotow hartnäckig, die Sowjetregierung hätte ihren Entschluß nach reiflicher Überlegung getroffen. Deutschland sollte seinerseits alles tun, um den Frieden auf dem Balkan zu erhalten.

In Wirklichkeit bezweckte Stalin durch seinen Vertragsabschluß nichts anderes als eine Ausweitung des Krieges auf den Balkan und damit eine Verlängerung der Atempause, um die Aufrüstung der Sowjetunion beschleunigt voranzutreiben. Durch den deutschen Angriff auf Jugoslawien, der sich auf Griechenland ausdehnte, wurden die deutschen Truppen vom 6. bis 27. April gefesselt und dadurch ein früherer Beginn des *„Barbarossa"*-Feldzuges gegen die Sowjetunion verhindert. Bei einem Kriegsbeginn gegen die Sowjetunion im April 1941 wäre Hitlers Offensive wohl kaum wegen der Wetterverhältnisse vor Moskau und Leningrad steckengeblieben.

Nach dem erfolgreichen deutschen Balkanfeldzug sah sich Stalin veranlaßt, das deutsch-sowjetische gute Einvernehmen ostentativ zu bestätigen. Er ließ sich dabei zu einem völlig ungewohnten Schritt hinreißen. Zur Verabschiedung des japanischen Außenministers Matsuoka, der auf seiner Rückreise von Berlin am 13. April einen japanisch-sowjetischen Neutralitätspakt abgeschlossen hatte, erschien er persönlich auf dem Bahnhof. Als er Schulenburgs gewahr wurde, ging er auf ihn zu, legte ihm den Arm um die Schultern und sagte: „*Wir müssen Freunde bleiben, und dafür müssen Sie jetzt alles tun!*" — Danach wandte er sich an den stellvertretenden deutschen Militärattaché, Oberst Krebs, und versicherte auch ihm gegenüber: „*Wir werden mit Euch Freunde bleiben — auf jeden Fall*". Dieser Vertrauensbeweis Stalins gegenüber dem deutschen Botschafter stand im seltsamen Gegensatz zu dem brüskierenden Verhalten Ribbentrops beim Abschluß des deutsch-sowjetischen Paktes im August 1939, als er auf den Militarattaché Köstring mit den Worten zutrat: „*Ich danke Ihnen, Herr General, Ihre Mitarbeit war entscheidend.*" Worauf Köstring zurücktrat und auf Schulenburg hinweisend erwiderte: „*Hier steht der Herr Botschafter.*" — Die staatsmännische Befähigung Stalins war zweifellos der des Befehlsempfängers Ribbentrop weit überlegen; sie beruhte überdies auf seiner Geringschätzung professionellen Soldatentums. Die Priorität der Politik ließ Stalin erst mitten im Kriege fallen, als die Rolle der „*Politruks*" eingeschränkt und die Selbständigkeit militärischer Entscheidungen dadurch sichergestellt wurde.

Anzumerken ist außerdem, daß Stalin seine eigene Auffassung von der Diplomatie hatte, die er auf eine lapidare Formel brachte: „*Die Worte eines Diplomaten dürfen in keiner Beziehung zu seinen Handlungen stehen. Aufrichtige Diplomatie ist ebenso unmöglich wie trockenes Wasser*". Dieses „*Axiom*" (von Sowjetrussen der Stalinzeit als „*wissenschaftlicher Terminus*" gerne gebraucht) seiner Außenpolitik bestimmte die Ausbildung und ideologische

Ausrichtung ganzer Generationen sowjetischer Diplomaten. Nach kompetenter Aussage des *„Nomenklatura"*-Autors M. Wozlenskij unterscheidet man im sowjetischen Außenministerium nach wie vor zwischen *„sauberen"* Diplomaten und solchen, die auch Weisungen des Geheimdienstes KGB befolgen und im Ausland subversive Tätigkeit entfalten.

Schulenburg reiste zu seiner seit langem erbetenen Berichterstattung Mitte April nach Berlin ab. Der deutsche Geschäftsträger von Tippelskirch berichtete am 16. April über sein Gespräch mit dem japanischen Botschafter in Moskau, Tatekawa, daß die Sowjetunion zur Zusammenarbeit mit der Achse bereit sei und Stalin durch seine Freundschaftsbekundungen gegenüber Schulenburg seine Einstellung gegenüber Deutschland bekundet habe. Es sollte daher alles getan werden, um die *„hartnäckig umlaufenden Gerüchte über einen bevorstehenden Zusammenstoß"* zu entkräften.

Am 22. April berichtete von Tippelskirch allerdings, daß der Generalsekretär des sowjetischen Außenkommissariats, Sobolew, ihn in dringender Form gebeten habe, Maßnahmen gegen die fortdauernden Verletzungen der Grenze der UdSSR durch deutsche Flugzeuge (vom 27. März bis 18. April seien 80 derartige Fälle vorgekommen) zu ergreifen. Tippelskirch warnte in seinem Telegramm, daß mit ernsten Zwischenfällen zu rechnen sei, falls deutsche Flugzeuge weiterhin die Sowjetgrenze überfliegen. Der deutsche Marineattaché von Baumbach berichtete dem Oberkommando der Kriegsmarine am 24. April von Gerüchten über eine *„angebliche Kriegsgefahr"*, die offensichtlich unsinnig seien. Der britische Botschafter Sir Cripps hatte aufgrund der ihm vorliegenden Agentenberichte den 22. Juni als Tag des Kriegsbeginns bereits vorausgesagt.

Die von Schulenburg angestrebte persönliche Berichterstattung in Berlin sollte der Rettung des Friedens dienen und Hitler vor den unübersehbaren Gefahren eines Ostfeldzuges warnen. Er nahm zu diesem Zweck ein in der Botschaft angefertigtes Memorandum mit und leitete es Hitler unmittelbar nach seiner Ankunft in Deutschland zu.

Seine Begegnung mit Hitler fand am 28. April statt; Schulenburg sah das Memorandum auf Hitlers Tisch liegen, konnte jedoch aus keinem Wort des Diktators entnehmen, ob er es gelesen hatte oder nicht. Das Memorandum konnte im Wortlaut in den Akten des Auswärtigen Amts nicht aufgefunden werden. Bekannt ist lediglich die Stellungnahme von Weizsäckers, der seinen Glauben bekundete, *„daß wir einen Krieg gegen Rußland nur militärisch gewinnen, ihn dagegen wirtschaftlich verlieren würden". „Ich bezweifle aber durchaus"*, fuhr Weizsäcker fort, *„daß wir das Gewonnene gegen die bekannte passive Resistenz der Slawen ausnutzen können. Ich sehe im russischen Reich keine tragfähige Opposition, die das kommunistische System ablösen und sich uns anschließen sowie sich uns dienstbar machen könnte. Wir hätten also wahrscheinlich mit dem Fortbestand des Stalin-Systems in Ostrußland und Sibirien und mit dem Wiederaufleben von Feindseligkeiten im Frühjahr 1942 zu rechnen. Ein deutscher Angriff auf Rußland würde ‚von den Engländern' als deutscher Zweifel am Erfolg unseres Kampfes gegen England (bewertet werden) und diesen geradezu verlängern, statt ihn abzukürzen."*

Diese durchaus realistische Einschätzung der internationalen und der Kriegslage durch Weizsäcker wurde von Ribbentrop selbst veranlaßt, der zu gleicher Zeit für Hitler eine Aufzeichnung zum bevorstehenden Feldzug gegen die Sowjetunion verfaßte.

Über sein halbstündiges Gespräch mit Hitler am 28. April hat Schulenburg auf Veranlassung Ribbentrops eine Aufzeichnung angefertigt, darin es unter anderem hieß, Hitler hätte ihn gefragt, was für ein Teufel die Russen geritten habe, daß sie den Freundschaftspakt mit Jugoslawien abgeschlossen hätten. Er habe die Empfindung gehabt, „*daß Rußland uns dabei abschrecken wolle*". Auf die Einwände Schulenburgs, daß die Russen die Aufmärsche zahlreicher Divisionen im Baltikum lediglich ihrem Drang nach 300 prozentiger Sicherheit entsprächen, entgegnete Hitler, er sei durch die Vorgänge in Serbien gewarnt worden. „*Was dort geschehen ist, sei für ihn das Beispiel der politischen Unzuverlässigkeit eines Staates. Die Völker ließen sich heute weniger durch Verstand und Logik als durch Haß und vielleicht auch Geldinteressen in ihrer Politik bestimmen. Und so sei es gekommen, daß durch die englischen Versprechungen und Lügen hintereinander die Polen, denen er die günstigsten Bedingungen gestellt habe, Frankreich, das den Krieg gar nicht wollte, Holland und Belgien, Norwegen und nun Griechenland und Jugoslawien sich ins Unglück gestürzt hätten. Man könne sagen, daß die Massen nichts dafür können, aber er habe es nicht mit den Völkern, sondern mit den Regierungen zu tun.*" Das Gespräch mit Schulenburg abschließend, bemerkte Hitler, „*er glaube zwar nicht, daß man Rußland zum Angriff auf Deutschland kaufen könne, aber es seien doch große Haßinstinkte zurückgeblieben, und vor allem seien die russischen Absichten, weiter an Finnland und an die Dardanellen heranzukommen, unverändert. Wenn er sich alles dies überlege, so sei er verpflichtet, vorsichtig zu sein.*"

Schulenburg versicherte zwar, daß Stalin bereit sei, „*uns noch weitergehendere Konzessionen zu machen*" und zum Beispiel 1942 bis zu 5 Millionen Tonnen Getreide zu liefern. Hitler ging auf eine weitere Erörterung der Leistungswilligkeit der Sowjetunion nicht mehr ein, erklärte aber bei der Verabschiedung des Botschafters unvermittelt: „*Und noch eins, Graf Schulenburg, einen Krieg gegen Rußland beabsichtige ich nicht.*"

Bei seiner Ankunft auf dem Moskauer Flughafen am 30. April äußerte Schulenburg gegenüber Hilger:

„Die Würfel sind gefallen. Der Krieg ist beschlossene Sache. Er (Hitler) *hat mich* (entgegen seinen Versicherungen) *eben mit Absicht angelogen."*

Als diplomatischer Beobachter nahm Schulenburg am 1. Mai 1941 an der großen Parade vor dem Lenin-Mausoleum in Moskau teil, um nachdrücklich zu betonen, daß das deutsch-sowjetische Freundschaftsverhältnis unverändert sei. Am 2. und 3. Mai telegrafierte er nach Berlin, daß den Gerüchten über einen angeblichen deutsch-sowjetischen Konflikt ernstlich entgegengetreten werden müßte und hob gleichzeitig hervor, daß bei der Mai-Parade der Berliner Sowjet-Botschafter Dekanosow neben Stalin gestanden hätte. *„Hierdurch soll wohl die besondere Hervorhebung des Berliner Botschafters zum Ausdruck gebracht werden"*, fügte er hinzu. In seinem Bericht erwähnte er auch jenen Passus in der Rede Marschall Timoschenkos, in der es hieß, *„daß die internationale Lage stark erhitzt sei und alle möglichen Überraschungen in sich berge. Darum müsse das ganze Sowjetvolk, die Rote Armee und die Kriegsflotte in Kampfbereitschaft sein"*.

Am 4. Mai erhielt General Köstring eine Sprachregelung des Auswärtigen Amts, den Kriegsgerüchten als *„einem Versuch englischer Brunnenvergiftung"* energisch entgegenzutreten. Im übrigen gäben auch erhebliche russische Truppenansammlungen im Grenzgebiet Anlaß zu derartigen Gerüchten, *„die jedoch jeder militärischen Begründung entbehren, da deutscherseits nur die zur Rückendeckung der Balkanoperationen unbedingt erforderlichen Kräfte an der Grenze stehen."*

In Hilgers Darstellung (*„Wir und der Kreml"*, S. 308) wird berichtet, er habe im Mai 1941 Schulenburg überredet, den sowjetischen Botschafter in Berlin, Dekanosow, der sich gerade in Moskau aufhielt, gemeinsam mit dem zum Leiter der Deutschlandabteilung im Außenkommissariat ernannten ehemaligen Dolmetscher-Sekretär der Sowjetbotschaft in Berlin, W. N. Pawlow, die beide Stalins besonderes Vertrauen genossen, zu einem Frühstück in die Botschafterresidenz einzuladen. Der Sinn dieser Einladung hätte in dem Versuch bestanden, den Frieden (zwischen Deutschland und der Sowjetunion) zu retten. (Dies schien möglich,) „*wenn die Sowjetunion veranlaßt werden könnte, die diplomatische Initiative zu ergreifen und Hitler in Verhandlungen zu verwickeln, die ihn, wenigstens vorübergehend (!), der Vorwände zu einer militärischen Aktion gegen die Sowjetunion berauben würden.*" In seiner übertriebenen Ich-Bezogenheit und Selbstüberschätzung behauptet Hilger: „*Ich hielt es daher für notwendig, die Sowjetregierung über den Ernst der Lage aufzuklären und ihr nahezulegen, etwas zur Abwendung der Kriegsgefahr zu unternehmen.*" Durch Dekanosows Vermittlung sollten der Sowjetregierung „*die Augen geöffnet*" werden. „*Graf Schulenburg und ich gaben uns alle Mühe, den Russen den Ernst der Situation begreiflich zu machen ... Aber unsere Bemühungen erwiesen sich als vergeblich. Obwohl wir Dekanosow von Anfang an nicht im Zweifel ließen, daß wir auf eigene Verantwortung handelten, fragte er uns mit entmutigender Sturheit immer wieder, ob wir im Auftrag der Reichsregierung sprächen (!). Andernfalls, so behauptete er, könne er unsere Auffassung nicht an seine Regierung weiterleiten. Offenbar konnte er sich nicht vorstellen, daß wir uns bewußt einer großen Gefahr aussetzten, um einen Versuch zur Erhaltung des Friedens zu unternehmen ... Sein Verhalten bestätigte meine Auffassung, daß Stalin glaubte, Hitler wolle nur bluffen. ... Stalin war offensichtlich der Meinung, daß er nichts tun dürfe, was Hitler dazu bewegen könnte, die Forderungen, auf die Stalin gefaßt war, noch zu erhöhen.*"

Wer Schulenburg gekannt hat, wird wissen, daß Hilger für ihn zwar ein kenntnisreicher und sehr nützlicher Mitarbeiter war, aber ungeachtet seiner tiefen Abneigung gegen Hitler hätte er sich als Botschafter und einer der angesehensten und höchstbezahlten Beamten des auswärtigen Dienstes unter gar keinen Umständen in eine gefährliche Komplizenschaft mit einem Mitarbeiter begeben, der außerdem nicht aus der Diplomatencrew hervorgegangen war. Nur allzu offensichtlich wird Hilgers Bestreben, die eigene Person in der Geschichte der „*deutsch-sowjetischen Beziehungen 1918 - 1941*" in den Vordergrund zu rücken und für sich eine herausragende Bedeutung und Gewichtigkeit in Anspruch zu nehmen, die ein post-festum-Entgelt für eine jahrzehntelange Subordination und für einen Entzug des Mitspracherechts darstellen.

Völlig unzutreffend ist daher die auf Grund der Darstellung des Hilgerschen Buches von manchen Autoren, wie Wilhelm Joost („*Botschafter bei den roten Zaren*", 1967) leichtfertig übernommene These, daß Hilger einen allein entscheidenden Einfluß auf die Entscheidungen und Meinungsbildung Schulenburgs genommen hätte. Dabei wird sowohl die Dienstordnung wie auch die durch diese implizierte Berichterstattungsrolle der unmittelbaren Vertreter des Botschafters im Gesandtenrang, von Twardowski und seines Nachfolgers von Tippelskirch, gänzlich außer acht gelassen. In Abwesenheit oder bei Verhinderung des Botschafters wurden die Berichte der Botschaft von seinen Vertretern gezeichnet und niemals von Hilger. Auch bei deren Besprechungen im Kreml war Hilger ausschließlich als Dolmetscher zugegen.

An Hilgers einseitiger Darstellung ist demzufolge mehr als ein Wort der Kritik und des Widerspruchs notwendig. Sie verdient aber eine ganz entschiedene Entgegnung, wenn Hilger sich zu der Behauptung versteigert, er hätte Botschafter Schulenburg zum offenkundigen Staatsverrat angestiftet, um den Krieg mit der Sowjetunion zu verhindern. Selbst in seiner durch Hitlers Gunst neu erworbenen Eigenschaft als einer der Botschaftsräte, hätte er gegenüber dem liebenswürdigen, aber vollkommen souveränen Botschafter niemals gewagt, mit einem derartigen Ansinnen an ihn heranzutreten.

Zu einer Weitergabe von Staatsgeheimnissen an die Sowjetunion hätte sich Schulenburg, der, wie auch General Köstring, bis zur letzten Stunde vor einem Krieg mit der Sowjetunion gewarnt hat, niemals bereit gefunden. Seinen wahren Patriotismus hat er mit dem Tode bezahlt, ohne sich eines Verrates schuldig zu machen. Daß er den Kriegsvorbereitungen Hitlers bis zuletzt widersprach, bedeutet keineswegs, daß er das sowjetische Staatssystem und Stalins menschenfeindliche Diktatur der Hitlerschen vorgezogen hätte. Ihm waren beide Diktaturen ein Greuel.

Daß Schulenburg sich angesichts der herannahenden Katastrophe den Widerstandskämpfern vom 20. Juli 1944 angeschlossen und in einer völlig auswegslosen Situation die Rettung seines Vaterlandes angestrebt hat, mag Hilger nach Kriegsende bewogen haben, eine „*Friedensrettung*" durch eine eigene Warnung an die Sowjetregierung zu konstruieren.

Einen anderen Beweggrund für seine Behauptung könnte die ihm in den USA bekannt gewordene Tatsache geliefert haben, daß Ges.Rat von Herwarth, wie es sein amerikanischer Kollege in Moskau, Charles E. Bohlen, in seinem Buch „*Witness to History*" bezeugt hat, in Gesprächen zwischen dem 16. Mai und dem 24. August 1939 Informationen über Kontakte und später Verhandlungen zwischen Moskau und Berlin nach USA weitergegeben hat. Diese Informationen dienten aber in keiner Weise der Sowjetunion, sondern der Beschleunigung der parallel mit den deutsch-sowjetischen Verhandlungen äußerst zögernd geführten Bündnisverhandlungen der Sowjetregierung mit Frankreich und England, *„mit dem Ziel, Hitler zu isolieren und in seinem Kriegsdrang zu bremsen"* (Herwarth-Festschrift, 1974). Der Unterschied zwischen den reellen Kriegsverhinderungsabsichten von Herwarths und den vermeintlichen Hilgers ist evident: im ersten Fall war es ein durchaus denkbarer Versuch, durch einen damals noch neutralen westlichen Staat den Polenkrieg und ein deutsch-sowjetisches Bündnis zu verhindern, im anderen wäre es ein eklatanter Staatsverrat gewesen, wie der der *„Roten Kapelle"*.

Angesichts der sich kritisch zuspitzenden Lage im Mai 1941 ließ Stalin inzwischen nichts unversucht, um seine Befriedungspolitik unter Beweis zu stellen. Am 6. Mai übernahm er an Stelle von Molotow den Vorsitz im Rat der Volkskommissare (Ministerpräsidentenposten) und stellte sich damit auch juristisch an die Spitze der Sowjetregierung. Schulenburg kommentierte diese einschneidende Maßnahme damit, daß Stalin die Entstehung und Erhaltung der freundlichen deutsch-sowjetischen Beziehungen zielbewußt betrieben habe, *„während Molotows eigene Initiativen sich in einer oft engstirnigen Verfechtung von Einzelpositionen erschöpfte."* Schulenburg hob des weiteren hervor, *„daß Stalin in einer von ihm als ernst betrachteten außenpolitischen Lage die volle Verantwortung für die Geschichte der Sowjetunion übernehme ..., um in eigener Person an der Aufrechterhaltung und Weiterentwicklung der guten sowjetischen Beziehungen zu Deutschland tätig zu werden."*

Von diesen Berichten Schulenburgs nahm Hitler jedoch ebenso wenig Notiz wie von den Hinweisen auf die gewissenhafte Erfüllung des Wirtschaftsabkommens mit der Sowjetunion.

Die Resignation Schulenburgs und seine schlimmsten Befürchtungen werden aus seinem Schreiben an Weizsäcker vom 7. Mai ersichtlich, in dem er darum bittet, daß, *„falls es wider Erwarten zu einem deutsch-sowjetischen Konflikt kommen solle"*, die Angehörigen der Sowjet-Botschaft, der

Konsulate und der Handelsvertretungen der Sowjetunion in Deutschland *„möglichst entgegenkommend behandelt werden"*. *„Jede Härte den Sowjetrussen gegenüber würden wir in einem erheblich stärkerem Maße zu spüren bekommen"*, fährt er fort. In einem Nachsatz macht er darauf aufmerksam, daß die Sowjet-Regierung weder in Moskau noch in Leningrad Vorkehrungen wegen Fliegergefahr getroffen habe. Diese scheinbare Sorglosigkeit sei darauf zurückzuführen, daß im Ernstfalle beide Städte evakuiert würden und daß *„irgendwo"* bereits seit längerem ein mit allen Schikanen, *„Nachrichtenmitteln usw."*, ausgerüsteter provisorischer Regierungssitz für den Kriegsfall vorbereitet sei.

Daß auch Stalin auf der Hut war, ergibt sich auch aus einem Bericht über ein Kreml-Bankett für die Absolventen der 16. Militärakademie der Roten Armee, der der deutschen Botschaft zugespielt wurde. Aus ihm war zu folgern, daß Stalin von einer Überlegenheit des deutschen Kriegspotentials sprach und auf die Notwendigkeit eines Kompromisses mit Deutschland hinwies.

Die Aussagen von drei höheren sowjetischen Offizieren, die später in deutsche Gefangenschaft gerieten, ergaben jedoch, daß Stalin erklärt hatte, der Sowjetunion sei es gelungen, im Norden und Westen weit vorzudringen und ihre Bevölkerungszahl um 13 Millionen zu vermehren; man müsse sich daher nunmehr an den Gedanken gewöhnen, die sozialistische Front gewaltsam auszubreiten und mit den Lobpreisungen der deutschen Armeen endlich Schluß zu machen. Es müsse — so die Offiziere — eben zwischen der Politik Stalins auf kurze und weite Sicht unterschieden werden.

Von einer unausweichlichen kriegerischen Auseinandersetzung mit Hitler-Deutschland — zu einem für die Sowjetunion günstigen Zeitpunkt — war Stalin sicherlich überzeugt. Allen Agentenmeldungen, auch denen des in Tokio lebenden Meisterspions Dr. Richard Sorge, die den deutschen Angriff auf die Sowjetunion auf den Tag genau voraussagten — hatte er sich jedoch verschlossen. Seiner Auffassung nach war die massierte Konzentration deutscher Truppen an der Westgrenze der Sowjetunion lediglich ein Bluff, mit dem Hitler einen Erpressungsversuch vorbereitete, um die Sowjetunion zu wirtschaftlichen und territorialen Konzessionen zu zwingen.

Unterstaatssekretär Wörmann schrieb am 10. Mai einen vertraulichen Warnbrief an Schulenburg, in dem er ausführte, daß die griechischen, türkischen und rumänischen Kollegen Schulenburgs in Moskau erfahren hätten, daß er während seines Aufenthaltes in Berlin *„in bestimmten* (dortigen) *Kreisen festgestellt habe, daß der Gedanke an eine Aktion gegen Rußland herrsche"*. Diesen Informationen zufolge sei Schulenburg Anfang Mai *„sehr deprimiert gewesen und habe seine Privatsachen in Kisten verpackt"*.

Schulenburg sah sich dadurch veranlaßt, diesen inkriminierenden Brief am 12. Mai umgehend zu beantworten. Es sei zwar zutreffend, schrieb er, daß eine große Anzahl seiner Moskauer Kollegen ihn nach Rückkehr aus Berlin überfallen und ihn auf die Gerüchte über einen unmittelbar bevorstehenden deutsch-sowjetischen Konflikt angesprochen hätten. Er hätte sich aber strikt an die amtliche Sprachregelung gehalten und allen Gerüchten widersprochen. Im übrigen sei er weder deprimiert gewesen noch hätte er seine Privatsachen verpackt. *„Meine sehr wertvollen Teppiche"*, erwähnte Schulenburg in seinem Antwortschreiben, *„liegen an der alten Stelle, die Bilder meiner Eltern und sonstigen Verwandten hängen an den Wänden wie bisher, und in meiner Wohnung ist überhaupt nichts verändert, wovon sich jeder Besucher überzeugen kann."*

Am gleichen Tage berichtete Schulenburg noch einmal offiziell nach Berlin, daß die Übernahme des höchsten Regierungsamtes durch Stalin aus außenpolitischen Gründen und Rücksichten geschehen sei. Seine Gespräche mit dem Berliner Sowjet-Botschafter und das Verhalten der Generalität hätten ihn dazu bewogen. Bei dem Rätselraten in Moskaus diplomatischen Corps sei bemerkenswert, *„daß die verschiedenen Kombinationen in der Vermutung übereinstimmen, daß Stalin eine Politik der Annäherung an Deutschland bzw. an die Achse anstrebe."* Deutlicher hätte sich über die Befriedungspolitik Stalins selbst ein Sowjet-Diplomat nicht äußern können.

Über die vom Moskauer Außenkommissariat gemeldeten 71 Fälle der deutschen Grenzverletzung erfolgte am 15. Mai eine Mitteilung des Auswärtigen Amts, daß diese überprüft würden. Der Geschäftsträger von Tippelskirch bemerkte am Rande dieses Telegramms: *„Sobolew* (Generalsekretär im sowjetischen Außenkommissariat) *mitgeteilt; er sagt, Grenzverletzungen dauern an, in letzter Zeit häufig."*

Schulenburg zeigte sich in diesen blitzgeladenen Vorkriegswochen sehr viel weniger resigniert und berichtete am 24. Mai nach Berlin über seinen Besuch bei Molotow: *„Er war liebenswürdig, sicher und sachlich informiert, so gut wie immer."* Daß die durch Stalin und Molotow vertretene Außenpolitik *„vor allem auf die Vermeidung eines Konflikts mit Deutschland gerichtet ist, beweist die Haltung, die die Sowjetregierung in den letzten Wochen einnimmt, der Ton der Sowjetpresse, die alle Deutschland betreffenden Ereignisse in einwandfreier Weise behandelt, und die Erfüllung der mit Deutschland geschlossenen Wirtschaftsverträge."*

Im Mai 1941 kehrte der stellvertretende Militärattaché, Oberst Krebs, von Berlin nach Moskau zurück. Hilger befragte ihn über die umlaufenden Kriegsgerüchte und versicherte ihm, *„daß ein Krieg gegen die Sowjetunion das Ende von Deutschland bedeuten könne."* Es sei daher die Pflicht von Krebs, Hitler darüber aufzuklären; denn Rußland sei in seiner langen Geschichte *„oft geschlagen, aber niemals* *besiegt worden".* Krebs erwiderte, daß ihm die Stärke der sowjetischen Armee, die Leidens- und Entbehrungsfähigkeit des russischen Volkes, die Weite des Landes und dessen unerschöpfliche Reserven bekannt seien, aber *„Hitler gegenüber kann er leider nichts davon geltend machen".*

Für die deutsche Botschaft waren die letzten Wochen vor dem Angriff auf die Sowjetunion eine wahrhaft tragische Zeitspanne. Schulenburg und Hilger sahen sich in der Rolle der trojanischen Königstochter Kassandra, die das nahende Unheil voraussah, aber nichts mehr zu verändern vermochte. Schulenburgs Memorandum blieb unberücksichtigt, seine Begegnungen mit Molotow, der sich in Stillschweigen hüllte, blieben ergebnislos.

Im Frühjahr 1941 war übrigens eine beziehungsreiche Napoleon-Biographie eines hohen NS-Parteifunktionärs, Philipp Bouhler, erschienen, in der der Untergang des französischen Empire mit dem am 23. Juni 1812 ohne Kriegserklärung begonnenen Eroberungsfeldzug *„des korsischen Abenteurers gegen die blinden und apathischen Massen Rußlands"* in Zusammenhang gebracht wurden. Die Vermutung liegt nahe, daß Bouhler die Auffassung jener hellsichtigen unter den Parteifunktionären vertrat, die von einer deutsch-sowjetischen Konfrontation das Allerschlimmste befürchteten.

Der Unterschied zwischen den Rußlandfeldzügen Napoleons und Hitlers besteht jedoch unter anderem darin, daß Napoleon zwar eine Wiederherstellung der staatlichen Unabhängigkeit Polens, Litauens und sogar der *„Tartarei"* in seine politischen Planungen und Erwägungen einbezogen hatte, dieselben jedoch jederzeit aufzugeben bereit gewesen wäre, wenn es ihm hätte gelingen können, den Zaren Alexander I. einzuschüchtern und zu einer erneuten Ostwest-Allianz gegen seinen Hauptfeind England zu gewinnen.

Hilger berichtet über das entnervende Warten auf das herannahende Unheil: Schulenburg und er hätten sich in *„jener Zeit, da die Botschaft keine nützliche Arbeit mehr leisten konnte"*, in die Memoiren des französischen Botschafters Caulaincourt vertieft, der von 1807 bis 1811 am Zarenhof akkreditiert war und der Napoleon während des Rußlandfeldzuges 1812 begleitete. Die Unterredungen mit Napoleon zeigten, daß Caulaincourt ihm gegenüber eine ähnliche Haltung vertrat wie Schulenburg gegenüber Hitler. Beide Botschafter waren überzeugte Anhänger freundschaftlicher Beziehungen zwischen ihren respektiven Ländern und Rußland, beide warnten vor einer kriegerischen Auseinandersetzung und beide scheiterten letztlich in ihrem Bemühen, die *„Gebieter über Krieg und Frieden"* von einem selbstmörderischen Angriff auf den russischen Koloß abzuhalten.

Auf Caulaincourts Memoiren machte Hilger den Botschafter aufmerksam, indem er ihm eine Textstelle aus dem Buch vorlas und vorgab, es handele sich um ein Zitat aus einem vertraulichen Briefe eines Berliner Freundes über Schulenburgs letzte Besprechung mit Hitler. Der Botschafter zeigte sich überrascht, daß seine eigene Aufzeichnung darüber einer dritten Person bekannt geworden sei, *„und trotzdem entspricht der Text fast wörtlich dem, was ich Hitler bei dieser Gelegenheit gesagt habe. Bitte lassen Sie mich den Namen des Absenders sehen"*, fuhr er fort. Als Hilger dem Botschafter den bis dahin verborgen gehaltenen Memorienband zeigte, war Schulenburg noch weit mehr überrascht und meinte, die völlige Übereinstimmung der Prognosen von 1812 und 1941 sei als schlimmes Omen zu bewerten.

Der Marineattaché von Baumbach berichtete inzwischen über Einberufungen von Reservisten und von Rekruten des jüngsten Jahrganges ebenso wie über die Schließung des Leningrader Hafens für ausländische Seefahrt. Er vermerkte jedoch, „*daß diese vorbereitenden Maßnahmen ausschließlich defensiven Charakter tragen*". Und er fügte noch hinzu, „*daß sich auf der Sowjetseite weiter das Bestreben zeige, Deutschland entgegenzukommen und mögliche Streitpunkte aus dem Wege zu räumen*".

Wie weit die Vorbereitungen für den Rußlandfeldzug in der Zwischenzeit vorgeschritten waren, erhellt aus der Hitler-Weisung Nr. 32 vom 11. Juni 1941 betreffend „*Vorbereitungen für die Zeit nach Barbarossa*". Mit einem beispiellosen Dilletantismus und einer sachlichen Unkenntnis ohnegleichen ereifert sich darin Hitler, daß nach Zerschlagung der sowjet-russischen Armee Deutschland und Italien das europäische Festland militärisch beherrschen würden. „*Eine Vertiefung der deutsch-französischen Zusammenarbeit soll und wird weitere englische Kräfte fesseln*", heißt es weiter, „*und eine Belagerung Englands nach Abschluß des Ostfeldzuges durch Kriegsmarine und Luftwaffe werden wieder in vollem Maße aufgenommen werden.*" Hinsichtlich der Sowjetunion hieß es in der „*Barbarossa*"-Weisung lakonisch: „*der neugewonnene Ostraum muß organisiert, gesichert und unter voller Mitwirkung der Wehrmacht wirtschaftlich ausgenutzt werden ... Aller Voraussicht nach werden etwa 60 Divisionen und eine Luftflotte, neben finnischen und rumänischen Kräften, für die weiteren Aufgaben genügen.*"

In Unkenntnis dieser geheimen Weisungen versäumte Schulenburg nichts, um auf den offensichtlichen Verständigungswillen der Sowjetunion hinzuweisen. Noch am 14. Juni telegrafierte er nach Berlin, daß Molotow ihm im voraus eine Verlautbarung der sowjetischen TASS-Agentur mitgeteilt hätte, die den von dem britischen Botschafter Cripps bei seinem Eintreffen in London verbreiteten Gerüchten über einen nahe bevorstehenden Krieg zwischen der UdSSR und Deutschland entgegentrat. Diese Warnung soll auf Informationen Churchills zurückgegangen sein.

Daß Stalin dem britischen *„Kreuzzugspolitiker"* mißtraute, dessen Interventionspolitik aus der Zeit des russischen Bürgerkrieges im Kreml nicht vergessen sein konnte, erscheint begründet. Weniger verständlich bleibt das Nichtbeachten der genauso präzisen Zeitangabe eines geplanten Überfalls, die — wie oben schon erwähnt — von dem Sowjetspion Sorge aus Tokio mitgeteilt wurde.

Eine Weisung über die Möglichkeit eines deutschen Überraschungsangriffs an die westlichen sowjetischen Wehrkreise und ein Befehl zur Einsatzbereitschaft erreichte die Truppen erst, als der deutsche Angriff bereits im vollen Gange war und die sowjetische Luftwaffe in den Grenzgebieten am Boden durch die deutschen Stukas so gut wie vernichtet war.

Ein deutscher Überläufer, ein ehemaliger Kommunist, der am Tage vor Kriegsbeginn den Angriffsbefehl an sein Regiment wortgetreu übermittelte, wurde auf Stalins Weisung hin als Provokateur auf der Stelle erschossen.

Beinahe gleichzeitig erfolgte in Berlin die Maßregelung eines prominenten Mitarbeiters des Propagandaministeriums, des Zeitungswissenschaftlers Prof. Böhmer, der im Berliner Presseklub indiskret über einen bevorstehenden Konflikt mit der Sowjetunion in weinseliger Stimmung plauderte. Böhmer mußte sich als einfacher Soldat an die Front melden und fiel in den ersten Kriegstagen im Osten.

In seiner Analyse der deutschen Ostpolitik hebt der Amerikaner Carl Schorske zutreffend hervor, *„daß weniger als zwei Jahre nach dem Sieg der Ostorientierung, die die Karriere von Dirksens'* (in London) *beendete, Schulenburg dessen Erfahrungen vom August 1939 wiederholen mußte, indem auch er seinen Vorgesetzten einen unnötigen, auf falschen Prämissen begründeten Krieg erfolglos auszureden versuchte".* Dirksen wie Schulenburg haben erkennen müssen, daß die durchaus ehrenwerten Prinzipien Bismarckscher *„Realpolitik"* das politische Denksystem der Hitler-

Regierung nicht länger prägte. Mit seiner vorgefaßten Meinung über *„die Russen"* und mit seinem von langer Hand vorgeplanten Angriff auf die Sowjetunion setzte Hitler seine militärische Abenteuerpolitik konsequent fort. Der überdimensionale, mit westeuropäischen Maßstäben überhaupt nicht zu vergleichende eurasische Großraum flößte ihm allerdings mehr Bedenken ein als seine früheren Angriffsziele. Den *„Anhauch eines asiatischen Verhängnisses"* muß er in ähnlicher Weise verspürt haben wie seinerzeit Napoleon. Ein Ausspruch Hitlers aus den letzten Tagen seiner Kriegsvorbereitungen gegen die Sowjetunion scheint dafür zu sprechen. Er soll geäußert haben: *„Mir ist, als ob ich die Tür zu einem dunklen, nie gesehenen Raum aufstoße, ohne zu wissen, was sich hinter der Tür verbirgt."*

In seinen letzten Aufzeichnungen, die Ribbentrop während des Nürnberger Prozesses in der Gefängniszelle niedergeschrieben hat, steht u. a. zu lesen: *„Nachdem die ungeheure Macht des Ostens offenbar geworden war, prägte Adolf Hitler mir gegenüber das Wort: Das Abendland werde eines Tages verstehen, warum er die russischen Forderungen abgelehnt und den Entschluß zum Angriff gegen den Osten gefaßt habe. Er war überzeugt von der Zwangsläufigkeit der Entwicklung, an der keine Diplomaten etwas hätten ändern können. Auf meine Vorschläge, mit der Sowjetunion Friedensgespräche anzuknüpfen, antwortete er: Stalin sei sein großer Gegner; in diesem weltanschaulichen Kampfe gegen den Kommunismus gäbe es keine Kompromisse. Daß ihm der Westen im Kampf gegen den Osten den Arm lähmte, hat Adolf Hitler nach seinen eigenen Worten als die Tragik dieses Krieges empfunden. Ein Abgehen vom Nationalsozialismus bzw. eine Änderung gewisser Prinzipien, für die er eintrat, und die Beschränkung auf ein kleineres Reich bedeutete nach Hitlers Meinung früher oder später für Deutschland den Zerfall. Das war seine Überzeugung und hierin lag bei der Einstellung Englands und der* *ideologischen Feindschaft der Umwelt zugleich die Zwangsläufigkeit der deutschen Außenpolitik."*

Zu der Frage, ob die Sowjetunion von sich aus einen Krieg gegen Hitler und Deutschland begonnen hätte, äußerte sich Schulenburg in einem Gespräch mit von Hassell im September 1941: *„Er war der Ansicht, die Russen hätten Deutschland im Falle eines ohnehin sichtbaren Zusammenbruchs angegriffen."*

Das Verhängnis nahm seinen Lauf. Während sich in Berlin der Sowjetbotschafter Dekanosow vergebens um ein Gespräch mit Ribbentrop bemühte, bat Molotow am späten Abend des 21. Juni Schulenburg in den Kreml. *„Eine Reihe von Anzeichen erwecken den Eindruck"*, eröffnete er dem Botschafter, *„daß die deutsche Regierung unzufrieden mit der sowjetischen sei. Es seien sogar Gerüchte im Umlauf, daß sich ein Krieg zwischen Deutschland und der Sowjetunion vorbereite..."* Diese Mitteilung Molotows gab die Botschaft in telegrafischen Chiffren um 1.17 Uhr nachts nach Berlin durch. Als dieselbe um 2.39 Uhr morgens im Auswärtigen Amt dechiffriert wurde, befand sich der Sowjetbotschafter Dekanosow bereits auf dem Wege in die Wilhelmstraße, um die offizielle Kriegserklärung des *„Führers und Reichskanzlers"* entgegenzunehmen.

In der gleichen Nacht ging bei der Botschaft in Moskau ein chiffriertes Telegramm aus Berlin ein, daß die Weisung enthielt, Schulenburg solle unverzüglich Molotow aufsuchen und ihm erklären, daß die sowjetischen Truppenkonzentrationen an der Ostgrenze des Reiches einen Umfang angenommen hätten, den die Reichsregierung als unerträglich empfände. Die Sowjetregierung habe dadurch die mit Deutschland abgeschlossenen Verträge eindeutig gebrochen und sei im Begriff, dem Reich in seinem Existenzkampf in den Rücken zu fallen. Der Führer habe daher der deutschen Wehrmacht den Befehl erteilt, dieser Bedrohung mit allen ihr zur Verfügung stehenden Mitteln entgegenzutreten.

Nach dieser im Kreml zur nächtlichen Stunde von Schulenburg übermittelten Erklärung der Reichsregierung fragte Molotow, eine starke innere Erregung bekämpfend: *„Ist dies eine Kriegserklärung?"*. Schulenburg, der sich laut Weisung auf keine Erörterungen einlassen durfte, reagierte schweigend mit einer für ihn charakterischen Geste, indem er mit dem Ausdruck besorgter Hilflosigkeit die Arme hob und mit den Schultern zuckte. Molotow erging sich darauf in einer heftigen, sachlich begründeten Philippika, indem er darauf hinwies, daß es in der Geschichte kaum einen ähnlichen Präzedenzfall gäbe, daß man von einem Land, mit dem man einen Freundschafts- und Nichtangriffspakt abgeschlossen habe, nunmehr unter fadenscheinigen Gründen überfallen werde. Wie ihm bekannt sei, würden nämlich Odessa, Kiew und Minsk bereits seit anderthalb Stunden von der deutschen Luftwaffe bombardiert. Statt eventuelle Unstimmigkeiten auf dem Verhandlungswege zu bereinigen, entfessele Deutschland einen Krieg mit all seinen unübersehbaren Konsequenzen. Nicht ohne Bitterkeit schloß Molotow seine Tirade mit den in die Geschichte eingegangenen Worten: *„Das haben wir nicht verdient" (My etowo nje zasluschili).*

Schulenberg trug seinerseits nur mehr die Bitte vor, die sofortige freie Ausreise der Mitglieder der Botschaft sicherzustellen. Molotow erklärte, dies würde bei Einhaltung des völkerrechtlichen Prinzips der Gegenseitigkeit geschehen und verabschiedete sich von Schulenburg und Hilger mit dem gewohnten Handschlag.

Der Botschafter und mehr als hundert seiner Mitarbeiter siedelten noch am gleichen Abend in das Kanzleigebäude in der Stanislawskij Straße über. Vom 24. bis zum 29. Juni befand sich das Botschaftspersonal in einem Erholungsheim bei Kostroma an der Wolga und wurde von dort in achttägiger Eisenbahnfahrt an die armenisch-türkische Grenze bei Leninakan überführt. Hilger bezeugt, daß weder in den ersten zwölf Stunden nach Kriegsausbruch, als das Botschaftspersonal in Moskau sich noch frei bewegen konnte, noch auf der langen Bahnfahrt nach dem Kaukasus bei der Bevölkerung Feindseligkeit, sondern Ratlosigkeit festzustellen gewesen sei.

Eine ähnliche Haltung konnte auch in Deutschland in den ersten Kriegswochen beobachtet werden, zu der im übrigen die von Goebbels herausgebrachten Plakate beitrugen, die auf einer geographischen Karte das gesamte, wesentlich erweiterte Großdeutsche Reich und Westeuropa als ein Anhängsel des überdimensionalen, rotgefärbten sowjetischen Herrschaftsbereichs erscheinen ließen. Die propagandistische Wirkung dieses Goebbels-Einfalles löste Zweifel aus. War Deutschland wirklich ein neuer David, der es wagen durfte, einen Riesen Goliath herauszufordern, wurde von vielen Deutschen gefragt. Und wenn Hitler in seinem Aufruf an das deutsche Volk verkündete: „*Von schwerer Sorge gedrückt, zu monatelangem Schweigen verurteilt, ist nun die Stunde gekommen, in der ich endlich offen sprechen kann*"... so bürdete er diesem Volk nicht nur unermeßliche Sorgen, Leiden und Opfer auf, sondern führte es in eine unabwendbare nationale Katastrophe. In ähnlicher Weise hatte Napoleon 1812 seinen Rußland-Feldzug angekündigt: „*Rußland wird durch das unvermeidliche Schicksal fortgerissen und sein Geschick soll erfüllt werden ... der Friede, den ich schließen werde, soll seine Garantie mit sich führen und dem verderblichen Einfluß ein Ende bereiten, den Rußland seit fünfzig Jahren über die Angelegenheiten Europas ausgeübt hat ...*"

Die diplomatischen Austauschverhandlungen wurden über die Schutzmächte Türkei (Deutschland) und Schweden (Sowjetunion) geführt und der Grenzübertritt der deutschen Diplomaten an der sowjetisch-türkischen, der sowjetrussischen an der türkisch-bulgarischen Grenze erfolgte gleichzeitig am 13. Juli 1941. (Anm.: Botschafter Dekanosow wurde im Dezember 1953 zusammen mit anderen führenden Männern der Stalin-Ära in Moskau hingerichtet.)

Schulenburg, Köstring und Hilger wurden zur sofortigen Berichterstattung von Istanbul nach Berlin geflogen; nachdem jedoch die Würfel gefallen und der Krieg auf den Osten übergegriffen hatte, blieb ihnen nichts anderes übrig, als den genauen Ablauf der verhängnisvollen Wochen vor dem Kriegsbeginn noch einmal zu rekapitulieren. Welche persönliche Hochschätzung Schulenburg und Köstring im Kreml genossen, läßt sich daran erkennen, daß eine ganze Waggonladung mit deren Privatbesitz an die sowjetisch-türkische Grenze nachgesandt wurde.

Das Verhängnis nimmt seinen Lauf

Die Anfangserfolge der deutschen Wehrmacht in der Sowjetunion, die vernichtenden Einkreisungsschlachten, die Kapitulationen ganzer Armeen, in deren Verlauf in den ersten Kriegswochen mehr als eine Million sowjetischer Soldaten in Kriegsgefangenschaft gerieten, beruhten nicht nur auf dem Überraschungsmoment. Der Unwillen, für die Aufrechterhaltung des stalinistischen Systems zu kämpfen, war nicht nur in den erst 1940 angegliederten westlichen Grenzgebieten vorhanden; in der Ukraine, auf der Krim, im Kaukasus und bei den islamischen Soldaten aus Mittelasien war er nicht weniger stark ausgeprägt. Die Schrecken der Zwangskollektivierung waren weder in diesen Teilen der Sowjetunion noch in Weiß- und Großrußland vergessen. Von Freund und Feind wurde daher eine politische Offensive Hitlers erwartet, die möglicherweise zur Gründung von nationalen, sozialistischen, von Deutschland abhängigen Staaten (bzw. eines Staatenbundes) führen konnte.

Der anerkannten Intelligenz des deutschen Volkes konnte keines der Ostvölker die Verblendung und den Rassenwahn jenes *„wildgewordenen Kleinbürgers"* zumuten, der tatsächlich die Geschicke der zweitgrößten europäischen Nation lenkte. Keine der Erwartungen der zahlreichen antisowjetischen Emigrantengruppen sollte erfüllt werden. Hitler verschloß sich jeglichen Vernunftsgründen und erging sich in wahnwitzigen Kolonisationsprojekten eines *„deutschen Indiens"* in Osteuropa, das er mit den britischen Kolonisationsmethoden des 19. Jahrhunderts zu beherrschen gedachte. Hunderttausende von sowjetischen Gefangenen verhungerten in unversorgten Lagern; die stalinistischen Kolchosebetriebe wurden aufrechterhalten und die roten Kommissare durch braune ersetzt. Der Chefideologe der NS-Partei, Alfred Rosenberg, war bereits am 21. April 1941 von Hitler als Kommissar für die besetzten Ostgebiete vorgesehen worden, und schon am 7. Juli wurde die Errichtung eines Ostministeriums beschlossen. Als General Köstring nach Rückkehr aus Moskau sich Mitte Juli bei Hitler meldete, stellte ihm dieser Fragen über die geographischen und klimatischen Verhältnisse der Krim. Die Ausführungen Köstrings wurden durch einen Faustschlag auf die Karte und den Ausruf Hitlers unterbrochen: *„Da wird mich kein Schwein mehr herausbringen!"*

Köstring und Herwarth von Bittenfeld wurden alsbald nach der Krim „abgeschoben", andere Moskauer Botschaftsmitglieder, wie Groepper, Breer, Schmid, wurden zu den kämpfenden Truppen beordert, während Schulenburg und Hilger in das im Auswärtigen Amt neugeschaffene *„Rußland-Gremium"* einberufen wurden. Durch die Einrichtung des Ostministeriums waren jedoch die außenpolitischen Kompetenzen Ribbentrops in osteuropäische Fragen auf ein Minimum reduziert. Seine Vorstellungen bei Hitler blieben unberücksichtigt. Unter eklatantem Bruch völkerrechtlicher Bestimmungen wurden die Botschaftsgebäude der UdSSR in Berlin beschlagnahmt und dem Ostministerium übergeben.

Der Amerikaner Paul Seabury geht in seinem Buch *„Die Wilhelmstraße"* (1954) auch auf *„diese einschneidendste Verringerung der Vollmachten des Auswärtigen Amts"* nach Beginn des Rußlandfeldzuges ein: Ribbentrop, dessen spontane Begeisterung für die deutsch-sowjetische Kollaboration im Jahre 1939 von seinem italienischen Kollegen Ciano als *„unklug und vulgär"* bezeichnet worden war, vollzog 1941 einen ebenso plötzlichen Kurswechsel, der ihm jedoch nichts einbrachte. Sein Erzrivale Rosenberg lehnte Ratgeber und Beobachter des auswärtigen Dienstes in den besetzten Ostgebieten strikt ab, forderte aber für seine Besatzungsbehörden die Abgabe von Ostexperten. Ribbentrop wurde damit vertröstet, daß das Auswärtige Amt *„von dem Augenblick an wieder in seine natürlichen Rechte eingesetzt werde, in dem im Osten unabhängige Staaten mit eigenen Regierungen gebildet sein würden"*. Das einzige, was Ribbentrop durchzusetzen vermochte, war, daß einige AA-Beamte — ohne jede Vollmacht im Bereich der zivilen Besatzungspolitik — den einzelnen Heeresgruppen zugeteilt wurden.

Über die Arbeit des im Mai 1941 gebildeten *„Rußland-Gremiums"* unter dem Vorsitz von Schulenburg berichtete dessen Mitglied, der frühere Botschaftsrat in Moskau, Werner von Tippelskirch, bei seiner Vernehmung durch die Amerikaner: *„Der Ausschuß trat nur selten zusammen und besaß wenig Einfluß, praktisch überhaupt keinen. Es gab doch gar keine festgelegte Rußlandpolitik."* Und auf die Frage, ob nicht Pläne ausgearbeitet wurden, was mit Rußland nach dem Krieg geschehen sollte, antwortete Tippelskirch: *„Ich kann mich nicht entsinnen, an solchen Planungen teilgenommen zu haben."*

Angesichts der geringschätzigen Einstellung Hitlers gegenüber den Ostvölkern gab Schulenburg sich kaum noch Mühe, Optimismus vorzutäuschen. Über direkte japanische Vermittlungsangebote sowie deutsch-sowjetische Kontakte in Schweden im Jahre 1942, die die Herbeiführung eines Sonderfriedens zum Gegenstand hatte, war er unterrichtet und meinte, man müsse *„sehr ernsthaft zu ergründen suchen, was Stalin wohl damit im Schilde führt"*. In seiner Analyse dieser Friedensfühler kam er zu dem Schlusse, daß Stalin entweder den Krieg mit Deutschland wirklich beenden und zu einem Status quo ante und einem Wiederaufbau der Sowjetunion zurückkehren wolle; oder Stalin beabsichtige angesichts des Zögerns der Westalliierten, eine zweite Front zu eröffnen, diese mit der Drohung eines möglichen deutsch-sowjetischen Ausgleichs zum militärischen Handeln zu bewegen. *„Sehr fraglich bleibe frei-*

lich", bemerkte Schulenburg in seiner Analyse, *„ob Hitler, der viel klarer die am Tage liegende Chance einer politischen Kriegsführung gegen den Bolschewismus erkannt habe, jetzt die notwendige Raffinesse für das diplomatische Kunststück aufbringen werde, das sich hier vielleicht anbahnt."*

Als der Geheimagent Peter Kleist über seine Fühlungnahme mit den Russen in Schweden berichtete und dabei hervorhob, daß Schulenburg als Unterhändler durchaus genehm wäre, erklärte dieser, Hitler werde der Verwendung des ehemaligen Botschafters in Moskau auf dem von den Russen vorgeschlagenen Verhandlungsposten Sofia niemals zustimmen.

Auch die Aufstellung von Freiwilligenverbänden aus dem Millionenreservoir sowjetischer Kriegsgefangener beurteilte er skeptisch, obwohl die Ansätze — nach Überwindung der Widerstände seitens der Ostideologen der Partei — ermutigend erschienen. Im Juni 1943 gab es bereits 600.000 und zunehmend mehr Hilfswillige in den deutschen Heeresverbänden und rund 200.000 Angehörige der Freiwilligenverbände. Je ungünstiger sich die Kriegslage im Osten für Deutschland gestaltete, um so eher fanden sich Hitler und Himmler bereit, die ROA (Russische Befreiungsarmee) und andere östlichen Freiwilligenverbände aufzuwerten. Am 1. Januar 1944 wurde Köstring kommandierender General der Freiwilligenverbände. Obwohl er nicht der Auffassung war, daß die verheerenden Folgen Hitlerscher Ostpolitik dadurch beseitigt werden könnten, setzte er sich für die antistalinistischen Bestrebungen der Freiwilligenverbände des ehemaligen Sowjetgenerals Wlassow ein. Für ihn wie für Schulenburg bestand ohnehin das moralische Dilemma, eine Freiwilligenbewegung zu unterstützen, die ein Diktaturregime bekämpfen sollte, um ein nicht minder verabscheuungswürdiges vor einem totalen Zusammenbruch zu bewahren. Beiden war die tragische Zwitterstellung

General Wlassows bewußt, der überzeugt war, daß das Stalinregime längst gestürzt worden wäre, wenn die Deutschen nicht als arrogante Eroberer, sondern als wahre Befreier von einem verhaßten Regime aufgetreten wären.

Schulenburg hatte sich indessen die Überzeugung zu eigen gemacht, die in der Beseitigung Hitlers die einzig mögliche Alternative zu einem totalen Zusammenbruch des Reiches sahen. Dies bewog ihn, sich jener Widerstandsgruppe anzuschließen, die am 20. Juli 1944 ihren verzweifelten, fehlgeschlagenen Umsturzversuch unternahm. Durch seinen ehemaligen Kollegen in Rom, Ulrich von Hassell, und Karl Goerdeler fand er Zugang zu diesen Widerstandskreisen und stellte sich der geplanten demokratischen Regierung als Außenminister, zunächst jedoch für eventuelle Verhandlungen mit den Sowjets in Stockholm, zur Verfügung.

An den konspirativen Beratungen über die außenpolitische Orientierung einer provisorischen Militärregierung nach Hitlers *„Ausschaltung"* nahm Schulenburg in den Monaten-August-Dezember 1943 teil. Sein Gesprächspartner war (außer Goerdeler und von Hassell) der junge, erst im April 1940 vom Auswärtigen Amt übernommene, hochbegabte ehemalige Cecil-Rhodes-Stipendiat Adam von Trott zu Solz, der über vorzügliche Verbindungen nach England und USA verfügte.

Irgendwelche konkreten Zusagen zur Unterstützung der Umsturzpläne lagen zu diesem Zeitpunkt von keiner Seite der Alliierten vor. In Bern nahm daher Trott Fühlung mit Roosevelts Europa-Beobachter Allen Dulles auf, dem er eine den Westen warnende Denkschrift der deutschen Widerstandskreise übergab. Darin war u. a. zu lesen, daß die Männer des Widerstandes in den angelsächsischen Ländern nur *„bürgerliche Vorurteile und pharisäische Theorien"* am Werk sähen, und sie seien daher versucht, sich dem Osten zuzuwenden in dem Glauben, daß das deutsche und russische Volk in eine nahe Verbindung treten könnten, wenn auch nicht unter ihren jetzigen Regierungen. Wörtlich hieß es in der Denkschrift weiter: „*Beide Völker haben mit der bürgerlichen Denkweise gebrochen; beide haben tief gelitten; beide wünschen eine radikale Lösung sozialer Fragen, die über nationale Grenzen hinausgeht; beide sind auf dem Wege der Rückkehr zu den religiösen, wenn auch nicht den kirchlichen Überlieferungen des Christentums. Der deutsche Soldat hat Achtung, nicht Haß für den Russen. Die Opposition glaubt, daß die entscheidende Entwicklung in Europa auf sozialem, nicht auf militärischem Gebiet stattfinden wird. Wenn der Feldzug in Rußland nach der Zurückwerfung der deutschen Armeen* (bei Stalingrad) *zu einem gewissen Stillstand kommt, kann sich eine revolutionäre Lage auf beiden Seiten ergeben*".

Der von Allen Dulles bearbeitete und veröffentlichte Wortlaut unterschlägt sicherlich das von den Autoren der Denkschrift an die USA gerichtete Hilfeersuchen, dem der Hinweis auf eine mögliche „*Ostlösung*" als Druckmittel diente.

In einem von Goerdeler im Mai 1943 von Stockholm an Churchill weitergeleiteten Memorandum wird dagegen der Gedanke einer künftigen europäischen Gemeinschaft als erstrebenswertes Ziel entwickelt, einer Gemeinschaft, die, je nach den Umständen, nur gegen die Sowjetunion oder/und den Fernen Osten gerüstet sein müßte. Und er betont, die Zukunft Europas und der weißen Völker könne nur auf ihren freien Bund, nicht auf neue Entwürdigungen gegründet werden. Ausdrücklich hob Goerdeler hervor, welche Gefahren Europa und der Welt drohten, wenn man den Sowjets zum Sieg verhülfe.

Da Churchills Antwort — nach Berlin über die schwedischen Gebrüder Wallenberg übermittelt — unverbindlich und ausweichend ausfiel, glaubte Trott sich in der von ihm vertretenen „*Ostlösung*" bestätigt zu sehen. Deren Interpretation hat allerdings in zeitgeschichtlichen Darstellungen zu argen Irrtümern und Fehlinterpretationen geführt. Weder Stauffenberg noch Trott oder Schulenburg haben auch nur im entferntesten daran gedacht *„den Teufel mit dem Belzebub auszutreiben"*. Weder die konservativen „Alten" noch die Liberalen, ebensowenig die adligen Sozialisten oder Sozialdemokraten unter den oppositionellen Kreisen und Gruppierungen haben jemals Deutschland in einen sowjetischen Staats- oder Satellitenverband einzufügen gedacht, wie es nach Kriegsende unter stillschweigender Duldung der USA in Mitteldeutschland tatsächlich geschehen ist. Eine *„Ostlösung"* war ausschließlich als ein taktischer Schritt gegenüber den Westmächten gedacht und nicht als ein irgendwie ideologisch begründeter.

Nach einer Notiz vom Ende Dezember 1943 sah Hassell die Möglichkeit eines Sonderfriedens mit Stalin als beendet an. Und auch Schulenburgs östliche Überlegungen wurden in zunehmendem Maße durch eine westliche Konzeption ersetzt. Für die außenpolitische Planung blieb nach den vielen vergeblichen Versuchen nur noch eine Chance: nach vollzogenem Umsturz sofortige Verbindung nach West und Ost aufzunehmen. Der Kontakt nach dem Osten sollte durch die Entsendung Schulenburgs nach Stockholm hergestellt werden.

Trott benutzte seine Dienstreisen nach Genf und Stockholm zur Kontaktaufnahme mit den Vertretern der Westmächte. Er wies u. a. auch auf Lebers Beobachtungen hinsichtlich einer wachsenden kommunistischen Unterwanderung der deutschen Arbeiterschaft sowie der Fremdarbeiter hin. *„Auf der Ebene des Landsers"* gebe es ein dauerndes Kommen und Gehen von deutschen Kriegsgefangenen, die im Auftrage der Russen (oder des *„National-Komitees Freies Deutschland")* unerkannt durch die Hauptkampflinien kamen und wieder zurückkehrten, so daß die KPD nach dem fast totalen Zerschlagen ihrer Organisation nach

1933 ab 1943 wieder eine Untergrundbewegung in Deutschland aufbauen konnte (M. Bovery, *Das Unsichtbare Geschehen*).

Stalins Ausspruch „*Die Hitler kommen und gehen, das deutsche Volk bleibt bestehen*", wurde von den Sowjets propagandistisch in Umlauf gebracht, während auf westlicher Seite gegenüber Deutschland die undifferenzierte, haßerfüllte Morgenthau-Politik durch keine positive, zukunftsträchtige Alternative korrigiert wurde. Gegen diesen schon deutlich sichtbaren negativen „Trend" im Westen kämpften Stauffenberg, Trott, Schulenburg und Leber an, ohne zu ahnen, daß die Sowjets selbst ihre einmalige Chance im Nachkriegs-Deutschland verspielen würden: durch die Vertreibung der Deutschen aus den Ostgebieten, die Reparationen- und Demontage-Habgier, durch das Einsetzen der nach Moskau emigrierten Kommunisten in die Verwaltungsspitzen und nicht zuletzt durch den brutalen Terror, durch willkürliche Verhaftungen und Verschleppungen nach Sibirien.

Gültig bleibt wohl der von Eberhard Zeller formulierte Satz, wonach Stauffenberg, Schulenburg, Trott und Leber darin übereingestimmt haben, „*daß es ihnen widersinnig erscheine, sich an die amerikanische Politik anzuschließen, die in solchem Grad ihr Unverständnis zeige, und nicht auch jede politische Gesprächsmöglichkeit mit Rußland zu prüfen, das doch nun einmal Nachbar Deutschlands sei*".

Seine eigentlichen Gesinnungsfreunde und Geistesverwandten fand Schulenburg übrigens im „*Kreisauer Kreis*" Helmuth James Graf v. Moltkes. Dessen schlesisches Gut Kreisau lag für Schulenburg verkehrsmäßig günstig zwischen Berlin und Krummhübel im Riesengebirge, wohin sein Büro verlagert worden war. In Kreisau traf er auch andere Angehörige des Auswärtigen Amtes, auch Adam von Trott und Werner von Haeften sowie Peter Graf York von Wartenburg, den Verbindungsmann Stauffenbergs zu dem

Sozialdemokraten Julius Leber. Die „adligen Sozialisten", wie sie ihrer sozialpolitischen Reformpläne wegen in den Widerstandskreisen bezeichnet wurden, bekannten sich zu einem ethisch-moralischen, im Christentum begründeten *„erneuernden Anfang"*. Moltke und Schwerin erklärten sich bereit, Zeichen dadurch zu setzen, daß sie ihren Grund und Boden aufteilen lassen, sie selbst lediglich als Beauftragte des Gutsbetriebes angesehen werden wollten. Schulenburg, der nur eine wiederhergestellte „Wohnburg" (Falkenberg) und keinen Grundbesitz sein eigen nannte, beabsichtigte seinen Beitrag zu den gesellschaftlichen Reformen dadurch zu leisten, daß er auf sein Adelsprädikat verzichten wollte, *„was mehr als eine äußere Geste gewesen wäre"* (M. Bovery).

In seiner Würdigung Schulenburgs bemerkt der amerikanische Historiker Carl E. Schorske: *„Die gleiche Lehnstreue, die ihn in seinem Dienst für ein Jahrzehnt und bis zum Äußersten den Nazis verpflichtete, führte ihn schließlich zur Rebellion gegen sie. Seine Vorstellung von der Staatsräson erlaubte ihm — wenn auch reichlich spät — in Deutschland wie in Rußland den Unterschied zwischen dem Staat als solchem und denjenigen, die die Macht ausüben, zu erkennen. Sein Sinn für Realitäten führte ihn zu dem Punkt des entschiedenen Bruches im Interesse des Staates und zuungunsten derjenigen, die die Macht im Staate mißbrauchten."*

Aus deutscher Perspektive bemerkte hierzu Herwarth: *„Wenn ich in Moskau gefragt worden wäre, ob Schulenburg sich dem Widerstand gegen Hitler anschließen würde, hätte ich dies bestimmt verneint. Ich hielt ihn eher für einen passiven Beobachter und nicht für einen Mann, der die Hand gegen den Nationalsozialismus erheben würde. Mit dieser Beurteilung tat ich ihm Unrecht, denn er beteiligte sich aktiv am Widerstand gegen Hitler und bezahlte dies mit seinem Leben. Es waren nicht philosophisch abstrakte Gründe,* *die ihn in den Widerstand trieben, sondern sein Abscheu vor dem Leiden der Menschen. Die grausame Vernichtung der Juden, die unmenschliche Behandlung der Polen waren ihm als Christ und Aristokrat unerträglich und beleidigten sein Gefühl von Humanität. Aus dem liebenswerten östlichen Weisen, der sich auf die Rolle des Beobachters beschränkt hatte, wurde ein zum Handeln entschlossener Mann. Es war seine persönliche Tragödie, daß sein Handeln zum Scheitern verurteilt war!".*

Besonders aufschlußreich erscheinen in diesem Zusammenhang zwei Bemerkungen des „*Treuesten der Getreuen*", Joseph Goebbels, der zusammen mit seiner Familie seinem Führer in den Tod folgte. In einer Minister-Besprechung im Führer-Hauptquartier äußerte er am 22. Juli 1944 nach Aussage des Ohrenzeugen General Weidemann: „*Die Männer vom 20. Juli haben nicht leichtfertig gehandelt. Sie waren überzeugte Patrioten, die einen Verzweiflungsschritt in der letzten Stunde getan haben, weil sie am Endsieg zweifelten*". Und der persönliche Referent Wilfried v. Oven berichtet, daß sich Goebbels ihm gegenüber in den Apriltagen 1945 so ausgedrückt habe: „*Ich will ehrlich sein. Ich habe nach dem 20. Juli, als eine Rettung Deutschlands noch möglich war, eine Rettung wohlgemerkt, die die Aufopferung des Führers bedingt hätte, oft geschwankt*".

Durch das Mißlingen des Stauffenberg-Attentats war auch Schulenburgs Schicksal vorbestimmt. Seine Verhaftung erfolgte allerdings erst im Oktober 1944, nachdem Goerdelers „*Memorandum*" über die Lage des Reiches mit Schulenburgs und Hassells Randbemerkungen in den Trümmern des Berliner Bristol-Hotels aufgefunden worden war.

Die zweieinhalb Monate von Juli bis Oktober sind am ehesten mit jener „Schonzeit" zu vergleichen, die Seneca und anderen römischen Stoikern von Nero gewährt wurde, um sich auf den unabwendbaren Tod vorzubereiten. „*Er wünschte sich"* — nach Herwarths Erinnerung — *„mit seinem Offiziersssäbel zur Rechten, die Sporen zu seinen Füßen und in einen kaukasischen Teppich gewickelt beerdigt zu werden. Dieser Wunsch sollte nicht in Erfüllung gehen. Nach seiner Hinrichtung am 10. November 1944 in Plötzensee wurde seine Asche in alle Winde verstreut."*

Die Personalakte Schulenburgs im Auswärtigen Amt schließt mit den sachlich trockenen Aktenvermerken: *„20. Oktober: Aus dem Beamtenverhältnis ausgestoßen; 31. Oktober: Einstellung der Bezüge mit dem 19. Oktober* (Tag der Verhaftung); *10. November: Hingerichtet."*

Wenn Schulenburg in seinen letzten Lebenstagen Trost bei der Philosophie gesucht hätte, wäre er in Übereinstimmung mit dem spätrömischen Stoiker Boethius zu der tröstlichen Gewißheit gelangt, daß *„im Menschen eine gewaltige Notwendigkeit zur Rechtschaffenheit vorhanden sei, die ihn, wenn er sich nicht verleugne, vor den Augen des allessehenden Richters bestehen lasse"*. Denn auch sein letzter Einsatz galt nicht der eigenen Sicherheit, sondern der Zukunftssicherung für sein Volk und Vaterland. Mehr noch als für das Sterben auf dem Schlachtfeld gilt daher für Friedrich Werner Graf von der Schulenburg der vielzitierte Ausspruch von Horaz:

DULCE ET DECORUM EST PRO PATRIA MORI.

Anhang

I Auszüge aus den Moskauer Briefen des Botschafters F. W. Graf v. d. Schulenburg an Elisabeth v. Herwarth

II Der rumänische Gesandte in Moskau über die Stimmung in den letzten Tagen vor der Kriegserklärung

III Ausgewählte Dokumente zur Kriegserklärung

1. Bericht eines Prager Verbindungsmannes (Stand Anfang Juni 41)
2. Aufzeichnungen des Vortr. Leg. Rates Likus über Meinungen in amerikanischen Diplomaten- und Journalistenkeisen (v. 17. 6. 41)
3. Telegramm an den deutschen Botschafter v. 21. 6. 41 — Die Kriegserklärung
4. Bericht eines Prager Verbindungsmannes (Stand Ende Juni 41)
5. Dokumente zum Austausch der Botschafter und ihres Personals (Juni/Juli 41)
6. Der schwedische Asienforscher Sven Hedin stellt sich der deutschen Propaganda zur Verfügung (23. 8. 41)

IV Literaturnachweis

V Personenverzeichnis

I

Auszüge aus den Moskauer Briefen des Botschafters F. W. Graf v. d. Schulenburg an Elisabeth von Herwarth (Mai-Juni 1941)

Unter den wenigen Briefen, die aus der beschlagnahmten bzw. von den Empfängern vernichteten umfangreichen Privatkorrespondenz Schulenburgs erhalten sind, kommt seinen „*moskowitischen Berichten*" an Elisabeth von Herwarth aus den dramatischen Vorkriegswochen (Mai-Juni 1941) eine besondere, dokumentarische Bedeutung zu. Auf dem offiziellen Kurierwege verstand es Schulenburg, in verschlüsselter Form erstaunlich viele Informationen zu übermitteln. Die Briefe spiegeln darüber hinaus sowohl die spannungsgeladene Atmosphäre jener kritischen Tage wie auch den epistoralen Stil des passionierten Briefschreibers wider.

Frau Elisabeth von Herwarth und dem Ullstein-Verlag, der die Auszüge aus diesen Briefen in dem Buch Hans von Herwarths „*Zwischen Hitler und Stalin*", 1982, zum erstenmal veröffentlicht hat, sei an dieser Stelle für die Genehmigung des Abdrucks gedankt.

„Moskau, den 11. Mai 1941

. . . Sogar Arbeit haben wir nur wenig . . . Das Ergebnis der letzten Woche ist die Übernahme der Ministerpräsidentschaft durch Stalin gewesen . . . die ersten Taten des neuen **Presidiatel** *(russisch: Predsedatelj) sind gewesen, daß er amerikanische Nachrichten dementiert hat, die besagten, die SU treffe Kriegsvorbereitungen, sende Truppen an die Westgrenze usw. Gleich darauf ist den Gesandschaften Belgiens, Norwegens und Jugoslawiens der Stuhl vor die Tür gesetzt worden."*

„Moskau, den 20. Mai 1941"

Zwischentext von H. von Herwarth:
Am Anfang dieses Briefes erwähnte Schulenburg die wachsende Anzahl von Diplomaten, die Moskau verließen — eine Tatsache, die der Sowjetregierung durchaus bekannt war. Keiner der Moskauer Diplomaten besaß so genaue Kenntnisse der Lage wie Schulenburg, dennoch fühlten alle, daß etwas in der Luft lag. Ende Mai war Schulenburg mehr damit beschäftigt, Abschiedspartys für die scheidenden Diplomaten zu geben, als Berichte nach Berlin zu schicken.

Am Ende des Briefes heißt es: „*Die Ruhe — hoffentlich ist es keine Ruhe vor dem Sturm — kommt uns ein wenig unheimlich vor*".

„Moskau, den 24. Mai 1941

. . . Die uns besonders interessierende Angelegenheit ist unverändert bedrohlich. Wir rechnen jetzt, daß die Krise etwa Ende Juni eintritt. So hoffe ich, daß ich — so oder so — im Laufe des Junis in Deutschland sein werde und mich selber um die Einrichtung der Burg Falkenberg werde kümmern können . . . Uns kommt es ganz merkwürdig vor, daß wir gegenwärtig keine Delegationen mehr haben, daß keine besonderen Verhandlungen zu führen sind usw. Unsere Kuriere sind ‚dünn' und in wenigen Minuten erledigt, kurz wir haben wenig zu tun, was wir gar nicht mehr gewohnt sind".

„Moskau, den 28. Mai 1941

... Da Walther (von Walther, Gesandtschaftsrat) *abwesend ist — ich glaube ich schrieb Ihnen, daß wir ihn über Befehl des hohen Auswärtigen Amtes als Kurier nach Kabul haben entsenden müssen — und da er somit nicht schreiben kann (ob er es überhaupt tut, ahne ich nicht!), setze ich meine moskowitischen Berichte fort. Ich nehme an, daß Sie die Dinge hier trotz des Gasteiner geruhsamen und beneidenswerten Lebens doch interessieren werden. Viel los ist allerdings nicht! Wir schweben wie bisher in positiven und negativen ‚Gerüchten'. Etwas Gewisses, Sicheres weiß niemand nicht! Ich persönlich bin der Meinung, daß das, war wir alle erwarten, auch bestimmt kommen wird.*

Gesellschaftlich ist wenig los. Dana Popescu (Ehefrau des rumänischen Gesandtschaftsrates) hat mich zum 2.6. zum Bridge eingeladen. Das ist alles, was ich ‚vor' habe.

Gestern feierte der Afghane seinen Nationalfeiertag von 17 bis 20 Uhr (übrigens die Feier der ‚Befreiung' Afghanistans vom britischen Joche!). Er hatte für die schwierige Frage, wie die ‚Freunde' und wie die ‚Feinde' zu behandeln, eine ‚geniale' Lösung gefunden. Der eine Teil wurde in dem Salon zur linken, der andere in dem zur rechten empfangen. Merkwürdigerweise gab es in dem britischen usw. Sektor nur Tee und Kuchen, während ‚bei uns' Champagner, Whisky u. anderes gereicht wurde, was zur Folge hatte, daß sich auch alle ‚Neutralen' bei uns einfanden. Die ‚Lösung' des guten Afghanen scheint mir doch etwas außergewöhnlich zu sein, selbst wenn man in Betracht zieht, daß die Afghanen England nicht sehr lieben.

Wir haben erstaunlicherweise gegenwärtig so gut wie nichts zu tun. Zur Zeit haben wir keinerlei Delegationen u. Kommissionen hier und in den wenigen laufenden Dingen (litauische Grenze, baltisches Kulturgut usw.) schweigt sich Berlin völlig aus.

Die Sowjetregierung hat ein Dekret herausgegeben, das Mitgliedern der fremden Vertretungen in der SU das Reisen im Lande so gut wie unmöglich macht. So ziemlich alles ist ‚verbotene Zone'. Auch Leningrad! Daran ist natürlich in erster Linie die ‚allgemeine Lage' schuld, dann aber auch der Übereifer einiger unserer Kollegen — besonders Japaner und Finnen — die es für nötig befunden haben, gerade jetzt in ‚kitzlichen Gebieten' umherzureisen. Zu den verbotenen Gebieten gehören auch Krim u. Kaukasus, nun, bis auf weiteres können wir sowieso nicht dorthin fahren. Und später wird sich alles, alles finden!

Auch hier, d. h. in sowjetrussischen Kreisen, besteht eine gewisse Unruhe. Aber niemand weiß etwas Sicheres. Es ist ein nicht angenehmer Zustand.

Das ist so etwa alles, was zu berichten wäre. Ich denke, ich werde in den nächsten Tagen Lala (eine russische Bekannte) einmal anrufen — bisher habe ich zu viel zu tun gehabt — weiß aber nicht richtig, ob ich ihr damit einen Gefallen tue. Nun, ich werde es wagen!

Liebe Puss! Ich schreibe Ihnen aus reiner ***Selbstsucht,*** *weil es mir Freude macht! Dieser Tatbestand verpflichtet Sie keineswegs, mir zu* *antworten. Sie sollen Ihre Ferien genießen, ohne an Tinte u. Feder gebunden zu sein. Ich hoffe noch immer, im Juli in Deutschland zu sein und Sie dann zu sehen.*

Hr. Walther hat die Erlaubnis erhalten, von Kabul bis Taschkent das sowjetische Regierungsflugzeug zu benutzen. So hoffen wir, ihn binnen 5 oder 6 Tagen wieder hier zu haben."

„*Moskau, den 17. Juni 1941*

... Vielleicht ist es heute der letzte Kurier, mit dem ich von hier aus schreiben kann; deshalb will ich Ihnen so viel wie möglich erzählen. Aber: Wir wissen noch immer gar nichts, aber die berühmten ,Gerüchte' schwellen zu Himalajas-Höhen an. Als die Sowjetregierung vor fünf Tagen ihr Kommuniqué veröffentlichte, wonach sie nicht beabsichtigte, Deutschland anzugreifen, u. auch nicht glaube, daß dies umgekehrt das Reich tun wolle, brachen die gesamten **Gerüchte** *in sich zusammen. Alle Welt glaubte, daß das Kommuniqué im Einverständnis mit uns herausgegeben worden sei. Dann aber blieb das Echo aus Deutschland aus — wir wissen nicht, ob das sowj. Kommuniqué in Dtschld. überhaupt veröffentlicht worden ist! — Und das hat dem Diplomatischen Korps den Rest der Fassung geraubt.*

Gestern, heute und morgen sind die englischen u. italienischen Frauen u. Kinder abgereist oder reisen ab; bei den Amerikanern scheint das bisher nicht der Fall zu sein. Aber Steinhardt (amerikanischer Botschafter) hat ,irgendwo' eine große Datscha gemietet, um darin ,im Notfalle' sein Büro unterzubringen, und einen Omnibus für nicht leicht erkennbare Zwecke gekauft; außerdem soll er sich große Benzin-Vorräte angelegt haben. Sie sehen, liebe Pussy, hier gibt es ,Wellen!'. Nun wir sehen uns alles dies mit Ruhe an."

II

Grigore Gafencu, der rumänische Gesandte in Moskau, einer der besten Beobachter der dortigen „*Szene*", hat in seinem „*Vorspiel zum Krieg im Osten*" (Zürich 1944) die Haltung des deutschen Botschafters, die Tätigkeit seines Mitarbeiterstabes und die Stimmung in Moskau in den letzten Vorkriegstagen aus frischer Erinnerung wie folgt beschrieben: „*Die deutsch-russischen Beziehungen waren so sonderbar, daß die Gemüter vorbereitet waren, sich über nichts mehr zu wundern und stets den ,Theatercoup' zu erwarten, der einer Situation ein Ende bereitet, die vielleicht nur dem Schein nach kritisch war. Das Unvorhergesehene und Sensationelle waren in Berlin wie in Moskau an der Tagesordnung ... Herr von Schulenburg hatte sich während seines langen Aufenthalts in Moskau angewöhnt, gewissen beunruhigenden Nachrichten, die ihm seine Regierung von Zeit zu Zeit zukommen ließ, mit absoluter Ruhe ins Auge zu sehen. Die Überzeugung, daß kein Interessenkonflikt denkbar sei, der nicht durch einen Kompromiß zu beseitigen wäre, beherrschte die eifrig ergebe-*

nen Mitarbeiter des Grafen Schulenburg ... Als ergebene Vertreter des Moskauer Abkommens, das in den deutsch-russischen Beziehungen eine so wunderbare Wandlung herbeigeführt hatte, sekundierten die politischen, wirtschaftlichen und militärischen Mitarbeiter Schulenburgs mit Überzeugung und Hingabe die Anstrengungen ihres Chefs, um das Werk zu retten, zu dessen Verwirklichung sie alles beigetragen hatten ...

In allen Gerüchten, die bis zum Vorabend des russischen Feldzuges die Gespräche der Diplomaten füllten, gab es nur einen wahren Punkt. Alle Welt war dahin gelangt, unklar zu fühlen, was Hitler von Rußland wollte: er wollte sich dieses Landes als eines Mittels bedienen, um den Krieg gegen England durchzuhalten und erfolgreich zu beenden. Er wollte keine Vergleiche mehr. Er dachte nicht mehr an Verhandlungen. Diejenigen, die noch an die Methoden der Moskauer Abkommen glaubten, täuschten sich ... Graf Schulenburg aber täuschte sich nicht. Er wußte, im Gegensatz zu all den umlaufenden Gerüchten, daß keine Verhandlungen mehr stattfanden, weder in Berlin noch in Moskau noch anderswo. Das Wissen um diese diplomatische Untätigkeit in Verbindung mit der Unkenntnis über die nächsten Pläne der Regierung, in der Berlin ihn hielt, veranlaßte ihn, die Aussichten des Krieges auf fifty-fifty zu schätzen, wie er unter vier Augen betrübt zugab ... Es blieb ihm nichts übrig, als in aller Stille über gewissen Parallelen (zu Napoleons Rußland-Feldzug von 1812) nachzudenken ... Das Schweigen seiner Regierung und ihre Weigerung, ‚eine klare und eindeutige Aussprache' herbeizuführen, waren ein untrügliches Zeichen dafür, daß man in Berlin daran dachte, ‚einander zu erwürgen, ohne sich auszusprechen'. Man konnte nur noch warten, daß das Schicksal sich erfülle."

III

GEHEIME REICHSSACHE
Nr. 185 gRS
Berlin, den 16. Juni 1941
Bericht eines Verbindungsmannes in Prag
aus Moskau, datiert Juni 1941

In Moskau kommt innerhalb der kommunistischen Partei im Zusammenhang mit den von der Sowjetregierung mit Deutschland geführten Verhandlungen eine noch nie dagewesene nervöse Stimmung zur Geltung. Die dauernden Beratungen innerhalb der Regierung und der Partei beweisen, in welch schwierige Lage die Machthaber in Rußland geraten sind. Die verborgene Absicht der Sowjetregierung gegenüber Deutschland, nämlich das Ergebnis des Krieges zwecks endgültiger Regelung der politischen und der sonstigen gegenseitigen Beziehungen abzuwarten, konnte nicht verwirklicht werden. Denn man mußte in Moskau einsehen, daß Deutschland sich mit einer solchen Politik bzw. mit einer beschränkten Lieferung von Lebensmitteln und Rohstoffen nicht zufrieden geben konnte.

Alle bisher von der Sowjetregierung versuchten Maßnahmen zur Hebung der kriegerischen Stimmung der Massen, z. B. die Verbreitung von patriotischen Drucksachen, Vorführung von Filmen usw. konnten praktisch keinen Boden für eine feste Stellung der Sowjets bei den Verhandlungen mit Deutschland schaffen. Die allgemeine Lage in innerpolitischer und wirtschaftlicher Hinsicht, im Zusammenhang mit dem niedrigen Stande der Kultur der Volksmassen Sowjetrußlands geben der Sowjetregierung keine Möglichkeit, die durch den Vertrag vom 23. August 1939 eingeleitete Politik Deutschland gegenüber durchzuführen.

Die Stärke der Roten Armee wird von Militärkreisen nicht gleichmäßig bewertet. Nach Ansicht des Roten Generalstabes können nur die jüngeren Reservisten, d. h. die der ungefähr 6-8 letzten Aufgebote, als zuverlässig gelten.

Die Meinungen der Regierenden in Bezug auf Deutschland sind geteilt: Der eine Teil tritt für Zugeständnisse an Deutschland ein, während der andere Teil Zugeständnise ablehnt, da dann neue, nicht mehr annehmbare Forderungen gestellt würden. Unter dem Einfluß von Gerüchten über maßlose Forderungen Deutschlands wächst die oppositionelle Stimmung in der kommunistischen Partei und breitet sich ganz besonders in der sogenannten Bewegung der arbeitenden Opposition aus.

Der Rote Generalstab erwartet im Falle eines bewaffneten Zusammenstoßes einen Angriff der deutschen Armee von der rumänischen Grenze aus über Tiraspol auf Odessa und auf Kiew, von Nordwest aus über Smolensk auf Moskau und von Königsberg aus auf Petrograd. Vom Roten Generalstab ist zwecks Verhinderung des in politischer Beziehung äußerst gefährlichen Vordringens nach Petrograd ein sofortiger Vormarsch mit dem rechten Flügel nach Preußen vorgesehen. Eine solche Operation wird von dem Marschall Timoschenko unterstützt, was seinen Feinden Anlaß zur Verbreitung von Gerüchten gab, daß Timoschenko als Ukrainer die Absicht hätte, Verrat zu begehen, indem er den Hauptpunkt für den Kampf gegen Deutschland nicht in der Ukraine, sondern im Baltikum ansetzen werde. Stalin soll die Hoffnung haben, daß der sich hinziehende Krieg Deutschland schwächen und nach einiger Zeit Sowjetrußland die Möglichkeit geben würde, seine bewaffneten Kräfte mit denen Deutschlands ins Gleichgewicht zu bringen. Kaganowitsch hat in Voraussicht eines unglücklichen Ausganges des Krieges gegen Deutschland einen Evakuierungsplan nicht nur für den bedrohten Grenzstreifen vom Baltikum bis zum Schwarzen Meer, sondern auch für Zentralrußland bis zum Ural aufgestellt. Es besteht ferner ein Plan von Mikojan, zwei politische Zentren zu bilden, und zwar in Nischnij-Nowgorod und im Kaukasus.

Eine Vereinbarung mit oder ein Krieg gegen Deutschland würde eine Krisis bedeuten und zugleich den Beginn einer rein russischen patriotischen imperialistischen Bewegung gegen die, wie sich die Militärs ausdrücken, zur Verteidigung russischer Interessen nicht fähigen Sowjetmacht.

Viel Aufsehen erregt in Moskau die aus London von dem Botschafter Maisky zugesandte Broschüre, herausgegeben im Febr. 1940 von dem Vorsitzenden des Danziger Senats, betreffend Annexionspläne Deutschlands, angeblich bis an den Ural. Von dieser Broschüre hatte nur das Büro der III. Internationale Kenntnis, ihr wurde aber bisher keine Bedeutung beigelegt. Dimitroff machte schon in der Mitte des vorigen Jahres dem Volkskommissariat des Äußern Vorstellungen, aber dort ließ man die Broschüre außer acht. Angesichts der Erweiterung der deutschen Kriegszone auf dem Balkan und der Zusammenziehung größerer Truppenteile an der Sowjetgrenze zeigt sich verstärktes Interesse für die genannte Broschüre.

Ergänzung zu dem Bericht des Verbindungsmannes in Prag
aus Moskau, datiert Juni 1941

Laut eingegangenen neuesten Nachrichten wurde von Stalin das Projekt des Sowjet-Generalstabes, die Zusammenziehung deutscher Truppen mit einer nachträglichen Zusammenziehung roter Truppen zu beantworten, abgelehnt. Die Hoffnungen des Sowjet-Generalstabes werden in der Hauptsache auf die Stärke der sowjetrussischen Luftwaffe und der Panzertruppen gesetzt, die schon die zweite Stufe ihrer Aufstellung erreicht hätten. Die Meldungen über den von der Sowjetregierung gefassten Beschluß, in der Ukraine und im Nord-Kaukasus (einige schlossen auch das frühere Dongebiet ein) keine grösseren Vorräte an Verpflegung und Industrie-Rohstoffen zu halten, werden bestätigt.

36/26 082-84

Aufzeichnung des Vortragenden Legationsrats Likus (Persönl. Stab RAM) [1])

BERLIN, den 17. Juni 1941

VERTRAULICHER BERICHT

In amerikanischen Diplomaten- und Journalistenkreisen unterhielt man sich am gestrigen Abend über das Thema Deutschland-Rußland. Die Meinungen über das, was zu erwarten sei, waren nach wie vor geteilt.

Doch war unverkennbar, daß die Zahl derjenigen, die noch an eine deutsch-sowjetrussische Zusammenarbeit glauben, entschieden geringer geworden ist. Es überwog die Meinung, daß der Führer sich entschlossen habe, im Laufe des Sommers militärisch sich mit der Sowjet-Union auseinanderzusetzen.

Im Mittelpunkt der Unterhaltung stand der wirtschaftliche Referent der USA-Botschaft Dr. Häfting, der im Jahre 1917 als gebürtiger Russe Wirtschaftsminister in dem Revolutionskabinett unter Kerenskij gewesen war. Dr. Häfting führte aus, daß er zwar selbst noch nicht davon überzeugt sei, daß die Führung des Reiches eine militärische Auseinandersetzung mit Rußland suche, da er nicht daran zweifele, daß Deutschland bei Erhaltung des Friedenszustandes und unter anhaltendem Druck auf Moskau wirtschaftlich sehr viel mehr aus Rußland für sich herausholen würde als durch die Eroberung des russischen Gebiets.

Zur Begründung führte Dr. Häfting aus, daß das bolschewistische Wirtschaftssystem, besonders in der Landwirtschaft, so unerhört kompliziert entwickelt worden sei, daß seine Erschütterung von außen oder gar sein Zusammenbruch zunächst zu einer gewaltigen Störung der russischen Produktionskapazität führen müsse.

Dr. Häfting setzte den amerikanischen Herren weiter auseinander, daß er allerdings glaube, daß das sowjetrussische Regime innerlich so schwach sei, daß kaum ein nennenswerter Widerstand bei einer militärischen Aktion des Reiches erwartet werden könnte. Nach seinen Eindrücken wäre die größte Schwäche des Sowjet-Regimes die anhaltende Oppositionsstimmung in der russischen Bauernschaft. Die beiden Experimente des Bolschewismus hätten nicht zur Entspannung, sondern nur noch zu einer Vertiefung des Gegensatzes des russischen Bauern zum bolschewistischen Staat geführt.[2]) Er zweifele deshalb nicht daran, daß deutsche Truppen bei einem Einmarsch in Rußland von der Landbevölkerung geradezu als Befreier begrüßt werden würden.

Aber auch der Bauernschaft gegenüber würden die Deutschen in ein schwieriges Dilemma geraten; denn die Bauern würden erwarten, daß mit der Liquidierung des Bolschewismus das Kolchos-System, von dem sie sich bedrückt fühlten, gleichfalls verschwinde.

Das würde aber seiner Meinung nach für ein deutsches Besatzungsregime nicht einfach sein, da in absehbarer Zeit nur dann nennenswerte Produktionsergebnisse in der Landwirtschaft erzielt werden könnten, wenn vorerst die Apparatur des Kolchos-Systems nicht zerstört werde. Über die Rückwirkungen, die ein deutsch-russischer Konflikt auf die amerikanische Mentalität haben könnte, gingen die Meinungen in diesem amerikanischen Kreis vollkommen auseinander. Man kam zu dem Ergebnis, daß in dieser Beziehung lauter Fragezeichen beständen, die schwerlich von Berlin aus zu beantworten seien.

L[IKUS]

(1) Randvermerke: „[Für] F[ührer]" und „Hat dem Führer vorgelegen. H[e]w[el], 17. 6. 41."
(2) Neben diesem und dem folgenden Satz befinden sich auf dem Rand hschr. Fragezeichen, dazu von anderer Hand die Bemerkung „vom Führer".

Abschrift.

Berlin, den 21. Juni 1941.

Diplogerma

M o s k a u
= = = = = = = =

Nr.

Citissime!
Funkweg!

Telegramm in Ziffern (Geh.Ch.Verf.)

Geh.Vermerk für geh. Reichssachen.
Für Botschafter persönlich!

1) Mit Eingang dieses Telegramms ist sofort das gesamte, dort noch vorhandene Chiffriermaterial zu vernichten. Der Funkapparat ist unbrauchbar zu machen.

2) Ich bitte Sie, sofort Herrn Molotow zu benachrichtigen, daß Sie ihm eine dringliche Mitteilung zu machen hätten und ihn deshalb unverzüglich aufzusuchen wünschten. Gleich darauf bitte ich Herrn Molotow folgende Erklärung abzugeben:

„Dem Sowjetbotschafter in Berlin wird zu dieser Stunde durch den Reichsminister des Auswärtigen ein Memorandum übergeben, in dem das nachstehend in kurzer Zusammenfassung Wiedergegebene eingehend dargelegt wird:

1) Die Reichsregierung hat 1939 unter Zurückstellung schwerwiegender Bedenken, die sich aus dem Gegensatz zwischen Nationalsozialismus und Bolschewismus ergaben, den Versuch unternommen, zu einer Verständigung mit Sowjetrußland zu gelangen. Auf Grund der Verträge vom 23. August und 28. September 1939 führte die Reichsregierung eine grundsätzliche Umstellung ihrer Politik gegenüber der UdSSR durch und nahm seitdem eine freundschaftliche Haltung zur Sowjetunion ein. Diese wohlwollende Politik ermöglichte der Sowjetunion große

außen-

113553

außenpolitische Erfolge.

Die Reichsregierung glaubte dabei mit Recht annehmen zu dürfen, daß fortan beide Völker unter Respektierung ihrer Regime ohne Einmischung in die inneren Angelegenheiten des Partners zu einer guten dauernden Nachbarschaft kommen würden. Leider stellte sich schnell heraus, daß die Reichsregierung sich in dieser Annahme gründlich getäuscht hatte.

II. Die Komintern hat schon bald nach Abschluß der deutsch-russischen Verträge ihre Zersetzungsarbeit gegen Deutschland erneut aufgenommen, wobei die amtlichen sowjetrussischen Vertretungen Hilfestellung boten. In großem Umfang wurden nachweislich Sabotage, Terror und kriegsvorbereitende Spionage in politischer, militärischer und wirtschaftlicher Hinsicht betrieben. In allen Deutschland benachbarten Ländern und in den von deutschen Truppen besetzten Gebieten wurde gegen Deutschland gehetzt und gegen den deutschen Versuch, eine stabile Ordnung in Europa aufzurichten, gearbeitet. Jugoslawien wurde vom sowjetrussischen Generalstabschef bereitwillig Waffen gegen Deutschland angeboten, wie die Belgrader Aktenfunde beweisen. Die bei Abschluß der Verträge mit Deutschland abgegebenen Erklärungen der UdSSR über die beabsichtigte Zusammenarbeit mit Deutschland erwiesen sich so als ~~Täuschung~~ bewußte Irreführung und Täuschung und der Abschluß der Verträge selbst als ein taktisches Manöver, um für Rußland vorteilhafte Abmachungen zu erreichen. Der Leitgedanke blieb die Schwächung der nicht bolschewistischen Länder, um sie leichter zersetzen und zur gegebenen Zeit niederschlagen zu können.

III. Auf außenpolitischem und militärischem Gebiete kam deutlich zum Ausdruck, daß es der UdSSR im Gegensatz zu der beim Abschluß der Verträge abgegebenen Erklärung, die in ihre Interessensphäre fallenden Staaten nicht bolschewisieren und annektieren zu wollen, darauf ankam, ihre militärische Macht überall, wo es ihr möglich erschien, nach Westen vorzuschieben

und

113550

und die Bolschewisierung weiter nach Europa hineinzutragen. Das Vorgehen der UdSSR gegen das Baltikum, Finnland und Rumänien, wo sich der Sowjetanspruch selbst auf die Bukowina erstreckte, zeigten dies klar. Die Besetzung und Bolschewisierung der ihr zuerkannten Interessensphäre durch die Sowjetunion verstieß eindeutig gegen die Moskauer Vereinbarungen, wenn sich auch die Reichsregierung mit den so geschaffenen Tatsachen zunächst abfand.

IV. Als Deutschland die durch das Vorgehen der U.dSSR gegen Rumänien in Südosteuropa entstandene Krise durch den Wiener Schiedsspruch vom 30. August 1940 beschwor, erhob die Sowjetunion Beschwerde und ging dazu über, auf allen Gebieten intensive militärische Vorbereitungen zu treffen. Deutschlands erneute Anstrengung zur Verständigung, die in dem Briefswechsel des RAM's mit Herrn Stalin und der Einladung Herrn Molotow's nach Berlin zum Ausdruck kam, zeitigte Forderungen der Sowjetunion, die Deutschland nicht annehmen konnte, wie die Garantie Bulgariens durch die UdSSR, die Schaffung einer Basis für sowjetrussische Land= und Seestreitkräfte an den Meerengen und die völlige Preisgabe Finnlands. In der Folge trat dann die gegen Deutschland gerichtete Politik der Sowjetunion immer offener zu Tage. Die Warnung Deutschlands vor einer Besetzung Bulgariens und die an Bulgarien gerichtete Erklärung nach dem Einmarsch deutscher Truppen, die direkt feindseligen Charakter trug, waren hierfür ebenso bezeichnend, wie die im März 1941 der Türkei gegebene Rückendeckung für den Fall eines türkischen Eintritts in den Krieg auf dem Balkan.

V. Mit dem Abschluß des sowjetrussisch-jugoslawischen Freundschaftspaktes vom 5. April ds.Js., der den Belgrader Putschisten den Rücken stärken sollte, trat die UdSSR hinter die gemeinsame englisch-jugoslawisch-griechische Front gegen Deutschland. Gleichzeitig versuchte sie die Annäherung an Rumänien, um dieses Land zum Abfall von Deutschland zu veranlassen. Nur

an

113360

an den raschen deutschen Siegen scheiterte der englisch-russische Plan eines Angriffs gegen die deutschen Truppen in Rumänien und Bulgarien.

VI. Begleitet wurde diese Politik von einer ständig zunehmenden Konzentrierung der gesamten verfügbaren russischen Streitkräfte auf einer langen Front von der Ostsee bis zum Schwarzen Meer, gegen die von deutscher Seite erst später Gegenmaßnahmen getroffen wurden. Seit Anfang d.J. ergab sich daraus eine immer zunehmende Bedrohung des Reichsgebietes. Die Nachrichten der letzten Tage beseitigen die letzten Zweifel an der Aggressivität dieses russischen Aufmarsches und vervollständigen das Bild einer aufs äußerste gespannten militärischen Lage. Hinzutreten die aus England kommenden Nachrichten über die Verhandlungen des Botschafters Cripps zwecks noch engerer politischer und militärischer Zusammenarbeit Englands und Sowjetrußlands.

Zusammenfassend erklärt daher die Reichsregierung, daß die Sowjetregierung, den von ihr übernommenen Verpflichtungen zuwider

1) ihre gegen Deutschland und Europa gerichteten Zersetzungsversuche nicht nur fortgesetzt, sondern verstärkt hat
2) ihre Auenpolitik in sich immer steigerndem Masse deutschfeindlich eingestellt hat
3) mit ihren gesamten Streitkräften an der deutschen Grenze sprungbereit aufmarschiert ist. Damit hat die Sowjetregierung die Verträge mit Deutschland gebrochen und ist im Begriff, Deutschland in seinem Existenzkampf in den Rücken zu fallen. Der Führer hat daher der deutschen Wehrmacht den Befehl erteilt, dieser Bedrohung mit allen zur Verfügung stehenden Machtmitteln entgegenzutreten.

Schluß

11356[illegible]

- 5 -

Schluß der Erklärung.

Auf irgendeine Erörterung dieser Mitteilung bitte ich Sie sich nicht einzulassen. Es ist Sache der Sowjetrussischen Regierung, für die persönliche Sicherheit des Botschaftspersonals zu sorgen.

Ribbentrop.

113562

Anmerkung:
Der vollständige Text der Note des Auswärtigen Amts an die Sowjetregierung vom 21. Juni 1941, der sich nicht unter dem von der US-Regierung an das AA zurückgegebenen Aktenmaterial in Bonn befindet, wurde zum ersten Mal seit 1941 in meinem Buch *„Das MEMORANDUM — Wie der Sowjetunion der Krieg erklärt wurde"* Herbig, München 1981, veröffentlicht. Der Originaltext wurde seinerzeit in der *„Hamburger Monatsschrift für Auswärtige Politik"*, hrgb. von Prof. Fritz Berber, Heft 7, 1941, abgedruckt. (E. F. Sommer)

Berlin, den 11. Juli 1941.
Nr. 269 g Rs

Von dem Verbindungsmann der Deutschen Inf Stelle III in Prag ist der nachstehende Bericht aus der Sowjetunion, der Ende Juni 1941 verfaßt wurde, eingegangen. Der Berichterstatter entstammt sowjetfeindlichen ukrainischen Kreisen.

„Wie aus Nachrichten hervorgeht, die aus der Sowjetunion und von den Sowjetvertretungen im Auslande einlaufen, war die Sowjetunion zum Kriege nicht vorbereitet; jedenfalls hat man im Kreml den Krieg im Westen jetzt noch nicht erwartet. In Moskau hoffte man, den Krieg noch mindestens bis zum Herbst, d. h. bis zur Einbringung der Ernte, hinausschieben zu können. Infolgedessen rechnete die Sowjetregierung mit einer Fortsetzung der Verhandlungen mit Deutschland und war zu bedeutenden Zugeständnissen in Bezug auf Lieferungen von Lebensmitteln und Rohstoffen an Deutschland bereit. Diese Berechnungen stützten sich auch auf die letzten Berichte der Sowjet-Botschaft in London, in denen die Stimmung der englischen „Strategen" wiedergegeben wurde. Diese erwarteten noch vor dem Ausbruch des Krieges zwischen Deutschland und UdSSR den deutschen Einfall in England. Andrerseits gingen aber aus anderen Staaten auch beunruhigende Meldungen der Sowjetvertretungen ein, die den Kriegsbeginn, und zwar in kürzester Zeit, als unvermeidlich hinstellten. Das Oberkommando der Sowjets rechnete jedenfalls mit dem 27. Juni als dem frühest möglichen Termin für einen deutschen Angriff.

Die drohende Einberufung der Reservisten der älteren Jahrgänge wurde von der Sowjetregierung bis zum letzten Tage, d. h. bis zum 15. Juni, an dem die Befehle zur Einberufung von 12 Jahrgängen ausgefertigt waren, streng geheim gehalten. An erster Stelle wurden nach dem Westen die sogenannten fremdstämmigen, d. h. die zum größten Teil aus kaukasischen und aus asiatischen Völkern gebildeten Truppenteile entsandt. Die Ukrainer wurden als unzuverlässiges Element gemischten Truppenteilen zugewiesen und nach Möglichkeit auf verschiedene Regimenter und technische Truppenteile mit vorwiegend großrussischen Soldaten verteilt. Zwecks Besänftigung des Hasses gegen das Sowjetregime ließ die Sowjetregierung die unsinnigsten Gerüchte über die Gefahren des Krieges für die Bauern- und Arbeitermassen verbreiten. Das Land würde von den früheren Gutsherren wieder fortgenommen werden; die Deutschen würden S k o r o p a d k i als russischen General mit seinen Strafabteilungen wieder in der Ukraine einsetzen; an der Bevölkerung und insbesondere an den Kriegsgefangenen würden die furchtbarsten Grausamkeiten verübt werden usw. Auf telegrafische Weisung des Rats der Volkskommissare wurden die Einschränkungen hinsichtlich der Ausübung des religiösen Kultes aufgehoben, die anti-religiöse Agitation verboten. Von offiziellen Persönlichkeiten wurden Mitteilungen über eine Amnestie für politische Gefangene verbreitet. Ferner wurden spezielle Maßnahmen zur Hebung des patriotischen Gefühls der Volks-

masse getroffen, denen der Gedanke eingehämmert wurde, daß der Krieg gegen den russischen Staat und nicht gegen den Bolschewismus geführt werde. In der Ukraine begann mit dem Augenblick der Bekanntgabe der Einberufung von Reservisten zum „wiederholten Dienst", d. h. der Mobilmachung, der Terror. Die Gefängnisse wurden mit „Verdächtigen" gefüllt, die „Verdächtigungen" nahmen mit dem vermehrten Eingang von Mitteilungen aus dem Ausland über die Absichten Deutschlands, die Ukraine zu besetzen, an Umfang zu. Die Sowjetbehörden suchten überall die Verbindungen der ukrainischen führenden Persönlichkeiten mit den ukrainischen Zentralen und vor allem mit der Zentrale der letzten Ukrainischen National-Regierung zu ermitteln. Der Verdacht der Sowjetregierung in Bezug auf die Ukrainer war nicht ganz unbegründet, da die Ukrainer mit größter Anteilnahme den Kriegsereignissen entgegensahen und sich auf diese auch vorbereiteten.

Die Mobilmachung der Roten Armee ließ sofort den Mangel an technischen Kräften für die Auffüllung der zahlreichen Reserveformationen der Luft- und Panzerwaffe, die neu gebildet wurden, in Erscheinung treten. Ebenso wurde der allgemeine Mangel an motorisierten Truppenteilen, über den schon lange diskutiert worden war, offensichtlich. In Anbetracht der Gefahr von seiten Japans wurde von dem Oberkommando der Sowjets der Beschluß gefaßt, eine starke Armee im Fernen Osten zu belassen und nur aus Westsibirien und dem Turkestan Truppenteile zurückzuziehen. Es stellte sich ferner ein Mangel an Offizieren des Generalstabes zur Ergänzung von Stäben der neugebildeten Truppenteile heraus. Wie allgemein zugegeben wurde, bezifferte sich dieser Mangel für die Infanterie auf 25 v. H., für die Kavallerie auf 20 v. H. und für die technischen Truppenteile auf ungefähr 30 v. H."

014

T e l e g r a m m
(G-Schreiber)

Stockholm, den 27. Juni 1941 23.oo Uhr
Ankunft: " 28. " " oo.lo "

Nr. 77o vom 27.6. C i t i s s i m e !

+) Prot A 13315

Mit Beziehung auf Telegr. vom 27.Nr.912 +)

Erfahre vom schwedischen Aussenministerium soeben folgendes: Nach Drahtbericht schwedischer Gesandtschaft Moskau hat schwedischer Gesandter Moskau sich bei Mitglied russischen Aussenkommissariats Lossowski nach Schicksal Mitglieder Deutscher Botschaft Moskau erkundigt. Losowski erwiderte, Gerüchte, dass Mitglieder Deutscher Botschaft nach Wladiwostok gebracht worden seien, seien reine Erfindung. Botschaftsmitglieder befänden sich vielmehr wohlbehalten in der Nähe von Moskau. Russische Regierung beabsichtige Botschaftsmitglieder an russisch-türkische Grenze, vorschlagsweise nach Leninakan zu bringen, sobald ihr Mitteilung zugegangen sei, dass Mitglieder russischer Botschaft Berlin nach derselben Richtung in Marsch gesetzt seien.

Wied

Prot A 13795 XIV 188

Berlin, den 3. Juli 1941

Aufzeichnung

Herr LS Smedovski von der hiesigen Bulgarischen Gesandtschaft ist hier erschienen und hat folgendes mitgeteilt:

Der bulgarische Gesandte in Moskau Herr Stamenoff hat der Bulgarischen Regierung berichtet, daß er Gelegenheit hatte, mit dem Botschafter Graf Schulenburg gelegentlich der Durchreise der deutschen Austauschgruppen nach Leninakaan auf dem Bahnhof in Moskau zu sprechen. Graf Schulenburg hat dem Gesandten mitgeteilt, daß alle Reichsdeutschen gesund sind und gut behandelt werden. Nur in Kostroma habe der Komfort zu wünschen übrig gelassen. Herr St. hat bei dieser Gelegenheit Sch. die deutschen Instruktionen für den Austausch mitgeteilt. Graf Sch. bittet, die türkische Regierung zur Organisierung der Übernahme und zur Betreuung der deutschen Gruppe in der Türkei zu veranlassen. Nach Mitteilung der deutschen Botschaft beträgt die Zahl der deutschen Durchreisenden beim Transport 61 Personen. Mit Einverständnis des sowjetischen Regierungsvertreters hat der deutsche Botschafter Herrn Stamenoff eine Million Rubel übergeben.

Hiermit **Herrn Staatssekretär** m. d. B. um Kenntnisnahme vorgelegt.

gez. Peter-Pirckham

K Z am Mittag Nr. 1

Kostromer Zeitung der deutschen Internierten in der Sowjetunion

Kostroma an der Wolga,
den 1. Juli 1941

Abschied von Moskau

Eine Chronik unserer Erlebnisse Teil I

22. Juni

3.00 Uhr nachts. Ein Chiffretelegramm trifft ein, das den Botschafter beauftragt, Außenkommissar Molotow aufzusuchen und ihm den Beginn der Feindseligkeiten mitzuteilen. Gleichzeitig wird die Vernichtung des letzten Chiffriermaterials angeordnet und der bulgarische Gesandte als Wahrer der reichsdeutschen Interessen bezeichnet. Auf der Botschaft versammeln sich der Botschafter, der Gesandte und der General (Militärattaché Köstring). Botschaftsrat Hilger ruft das Sekretariat Molotows an, der bereit ist, den Botschafter sofort zu empfangen.

5.25 Uhr. Schulenburg begibt sich mit Hilger in den Kreml, um diesen letzten Auftrag durchzuführen. Er übermittelt dem Außenkommissar überdies einen Brief, der die Wünsche des Botschafters wegen der Abreise und die Nennung der Schutzmacht enthält. Inzwischen weckt Gesandtschaftsrat von Walther den bulgarischen Gesandten, um ihn ins Botschaftsgebäude zu bringen.

6.10 Uhr. Der Botschafter kehrt wieder zurück. Molotow hat die Nachricht entgegengenommen. Der Beginn der Feindseligkeiten war ihm selbstverständlich schon bekannt. Für die Behandlung der Botschaft sicherte er volle Gegenseitigkeit zu. Inzwischen ist der bulgarische Gesandte erschienen und wird unterrichtet. Auch der italienische Botschafter und der rumänische Gesandte werden unterrichtet, da sie selber noch keine Nachricht besitzen. Die Kommandanten der Botschaftshäuser werden gerufen und die Verhaltungsregeln für die Hausgenossen bekanntgegeben: zwei Handkoffer sind zu packen, vorläufig in den Häusern bleiben. Die in Hotels und in Einzelwohnungen Lebenden werden in die Botschaft geholt. Lange Stunden des Wartens beginnen. Noch bleibt das Telephon in Betrieb. Noch ist das Verlassen des Botschaftsgebäudes möglich und der Verkehr in der Straße unbehindert.

11.00 Uhr. Der japanische Botschafter sucht Schulenburg auf, nach ihm der italienische Botschafter und der Gesandte der Slowakei. Noch ist die Hauptstadt völlig ruhig, bis endlich um 12.00 Uhr Molotow im Radio der Bevölkerung den Kriegsausbruch mitteilt.

23. Juni

0.30 Uhr. Der diensthabende Beamte des Innenkommissariats verlangt eine Liste sämtlicher im Hause befindlichen Personen.

18.00 Uhr. In Begleitung eines Beamten der inneren Behörden erscheint auf der Botschaft Herr Pawlow, der für Deutschland bisher zuständige Abteilungschef im Außenkommissariat (von der bulgarischen Schutzmacht nichts zu sehen und zu hören). In einer langen Unterhaltung setzt Schulenburg Pawlow seine Wünsche auseinander. Dieser geht; er war der letzte, den wir vom Außenkommissariat zu sehen bekamen. Jetzt bleibt als einzige Verbindung zwischen uns und der Welt das Innenkommissariat.

24. Juni

19.00 Uhr. Ein Major des Innenkommissariats erscheint, um Schulenburg mitzuteilen, daß um 20.00 Uhr die Autos zum Abtransport bereitstünden. Es gehe nach Kostroma an der Wolga in ein Erholungsheim. Leider teilte er auch mit, daß sechzehn in der Botschaft befindliche Reichsdeutsche (ehem. österreichische Schutzbündler) zurückbleiben müssen, da sie anderweitig bis zum Austausch untergebracht werden sollen.

20.00 Uhr. Das Einladen der Gepäckstücke beginnt. Jeder bringt seine wichtigste Habe. In großen Personenwagen des Innenkommissariats begeben sich die Angehörigen der Botschaft, unter starkem Wachschutz, zum weit abgelegenen Jaroslawski-Bahnhof.

Am 28. Juni kamen aus Leningrad zehn Personen nach Kostroma. Sie waren am 26. Juni nachts um 1.00 Uhr mit Sonderwagen weicher Klasse mit dem fahrplanmäßigen Personenzug nach Moskau gebracht und von dort am nächsten Tag gegen Mitternacht, unter starker Bewachung, zum Jaroslawer Bahnhof und weiter nach Kostroma.

Anmerkung: Die „K Z"-Lagerzeitung erschien nur einmal. Herausgegeben wurde sie von den in einem Erholungsheim bei Kostroma an der oberen Wolga internierten deutschen Diplomaten, anderen Botschaftsangehörigen, Journalisten u. a. für den Austausch vorgesehenen deutschen Staatsbürgern. Für jedes der drei Häuser wurde je ein Exemplar handschriftlich hergestellt und später als Erinnerungsblatt vervielfältigt. Chefredakteur war der Korrespondent der Frankfurter Zeitung, Dr. Hermann Pörzgen.

Kostroma, 281 km südöstlich von Moskau gelegen, soll im übrigen als Internierungsort von dem auf absolute Reziprozität bedachtem sowjetischen Innenkommissariat mit einem Zirkel als jener Punkt bestimmt worden sein, der genau der Entfernung von Berlin entsprach, in der aufgrund falscher Informationen die sowjetische Austauschgruppe angeblich untergebracht war.

In der Wahrung der Reziprozität und in der strikten Behandlung aller auch noch so geringfügigen protokollarischen Fragen besitzen die Moskauer Behörden eine Tradition, die bis ins 16. Jahrhundert zurückreicht und die schon damals bei westlichen Gesandtschaften Bestürzung und gleichzeitig Belustigung hervorrief. Man schrieb dieselbe einerseits einem übertriebenen Geltungsbedürfnis, andererseits einem Minderwertigkeitskomplex zu, der die Moskauer Bojaren verunsicherte.

Abweichend von der deutschen Praxis im Jahre 1941 (der Begleitung und persönlichen Betreuung der sowjetischen Diplomaten durch Vertreter des Auswärtigen Amts) wurde die deutsche Austauschgruppe nach Kriegsbeginn nur ein einziges Mal von einem Vertreter des Außenkommissariats (W. Pawlow) besucht und danach der ausschließlichen Aufsicht der Sicherheitsbehörde (Innenkommissariat) unterstellt.

T e l e g r a m m
(offen)

Kars, den 13.Juli 1941 20.00 Uhr
Ankunft: 14.Juli 1941 12.15 Uhr

ohne Nummer.

Wir sind 237 Reichsdeutsche heute Türkei angelangt, alles wohl, bitten Familien verständigen. Nach dreiwöchiger sehr anstrengender Reise bedarf Reisegesellschaft unbedingt mehrtägiger Ruhepause in Istanbul.

Schulenburg

T e l e g r a m m
(Geh.Ch.V.)

Tarabya, den 18. Juli 1941
Ankunft: den 18. Juli 1941 18,35 Uhr

Nr. 913 vom 18. 7.

Sonderflugzeug eintrifft Berlin - Tempelhof Samstag 19. Juli 18 Uhr mit Frau Jenke, Botschafter Graf Schulenburg, Botschaftsrat Hilger, Frau Hilger, Generalkonsul Rahn, Gesandtschaftsrat von Walter, Legationsrat Pirkham.

Bitte um Meldung an Herrn Reichsaußenminister.

Bitte Wagen an Flugplatz schicken und Familien benachrichtigen.

Papen

STOCKHOLM
Ankunft: „17. Sept. 1941 - 17.40"
Nr. 1449 v. 17.9.

Auf Drahterlaß v. 23.8.41 Nr. 1800 +)
+) Ru 3882

Dr. Sven Hedin hat der Gesandtschaft für rundfunkpropagandistische Auswertung folgenden Aufruf gegen den Bolschewismus zur Verfügung gestellt: „*Über meine Einstellung zum Bolschewismus habe ich nie einen Zweifel offen gelassen: er muß vernichtet werden. Für alle Kulturvölker, für alle Nationen, die an Gott glauben, ist es eine lebenswichtige Mission, eine Weltanschauung auszurotten, deren Hauptziel es ist, die kommunistischen Grundsätze über die ganze Erde zu verbreiten — die das Ziel verfolgt, durch eine fürchterliche Grausamkeit und blutige Weltrevolution die Vertreter der Intelligenz, der Bildung, der Wissenschaft und des Gottesglaubens zur ermorden, so wie es in Rußland selbst nach der Revolution im November 1917 geschehen ist und geschieht. Es ist die unabwendbare Pflicht für alle Völker der Welt, sich ein für alle Mal von dieser Drohung zu befreien. Für Propheten wie Lenin, Trotzki, Kamineff, Zinovieff, Stalin und seine Anhänger hat die abendländische Kulturwelt keine Verwendung. Es ist mehr als tragisch, daß gewisse große Völker dies nicht einzusehen scheinen und sich in dem gigantischen Kampf zwischen Barbarei und Kultur, zwischen Bolschewismus und Christentum, zwischen Mörder und Kulturmensch auf die Seite der Barbaren stellen. Ich habe auf meinen vielen Reisen Rußland und den Bolschewismus in allen Phasen kennengelernt — ich weiß also, wovon ich spreche. Besonders auch die Arbeiter und Bauern in aller Welt müssen sich, wenn sie nicht irregeleitet sind und den Kommunismus erkannt haben, jetzt zusammenschließen, um dieses Übel zu bekämpfen und für alle Zeiten zu vernichten. Ich habe schon früher gesagt und wiederhole es immer wieder: der Bolschewismus ist ein Unglück für die ganze Welt, er muß ausgerottet werden.*"

Dr. Hedin ist bereit, Äußerungen in deutscher und schwedischer Sprache auf Platten einzusprechen. Am besten direkte telefonische Übertragung vom Stockholmer Radiotjänst an Berliner Rundfunk.

Wied

IV
Literaturnachweis

Akten der Deutschen Auswärtigen Politik 1918 - 1945 (Aus dem Archiv des Deutschen Auswärtigen Amts, Serie D. Frankfurt/M. 1960 ff.)

ALLARD, Sven: Stalin und Hitler — Die sowjetrussische Außenpolitik 1930 - 41, Bern 1974

ALLARDT, Helmut: Politik vor und hinter den Kulissen — Erfahrungen eines Diplomaten zwischen Ost und West, Düsseldorf 1979

BAUMGART, Winfried: Deutsche Ostpolitik 1918, Wien-München 1966

BOVERI, Margret: Der Verrat im XX. Jahrhundert — Für und gegen die Nation — Das unsichtbare Geschehen, Hamburg 1956

---"---: Deutschlands Weg nach Rapallo, Wiesbaden 1951

BLÜCHER, Wipert von: Wege und Irrwege der Diplomatie, Wiesbaden 1953

DAVIES, J. E.: Als USA-Botschafter in Moskau, Zürich 1943

DER 20. JULI, Dokumentation, hrgb. von Eugen Budde und Peter Lutsches, Düsseldorf 1952

FABRY, Ph. W.: Der Hitler-Stalin-Pakt 1939 - 41, Darmstadt 1962

---"---: Die Sowjetunion und das 3. Reich, Stuttgart 1971

FISHMAN, J./HUTTON, J. B.: Das Privatleben des Josef Stalin, Wien 1964

FLEISCHAUER, Ingeborg: Die Chance des Sonderfriedens — Deutsch-sowjetische Geheimgespräche 1941 - 45, Berlin 1986

GAFENCU, Grigore: Vorspiel zum Krieg im Osten 1939 - 41, Zürich 1944

GEHLHOFF, Werner: Gedenkansprache aus Anlaß des 100. Geburtstages des Botschafters F. W. Graf v. d. Schulenburg am 10. Dezember 1975, (Auswärtiges Amt Bonn 1975)

GENSCHER, Hans-Dietrich: Rede anläßlich einer Gedenkstunde im Auswärtigen Amt am 19. Juli 1984 zum 40. Jahrestag des 20. Juli 1944, Bonn 1984

HAIGH, R. H., MORRIS, D. H., PETERS, A. R.: German-Soviet-Relations in the Weimar Era, Friendship for Necessity. Aldeshot 1985

HASSELL, Ulrich von: Vom Andern Deutschland, Tagebücher 1938 - 44, Zürich 1946

HERWARTH, Hans von: Festschrift zum 70. Geburtstag, Ingolstadt 1974

---"---: Zwischen Hitler und Stalin, Erlebte Zeitgeschichte 1931 - 45, Frankfurt/M., 1982

HILGER, Gustav: Wir und der Kreml, Berlin 1956

JOST, Wilhelm: Botschafter bei den roten Zaren 1918 - 41, Wien 1967

KENNAN, G. F.: Sowjetische Außenpolitik unter Lenin und Stalin, Stuttgart 1969

---"---: Memoires 1950 - 1963, Boston 1972

KOLARZ, Walter: Die Nationalitätenpolitik der Sowjetunion (Russia and her colonies), Frankfurt/M., 1956

KLEIST, Peter: Aufbruch und Sturz des 3. Reiches, Göttingen 1968

KÖSTRING, Ernst: Militärischer Mittler 1921 - 1941, bearb. von Teske, Frankfurt/M. 1965

KORDT, Erich: Wahn und Wirklichkeit, Die Außenpolitik des 3. Reiches, Stuttgart 1948

NADOLNY, Rudolf: Mein Beitrag, Erinnerungen hrgb. v. Günter Wollstein, Köln 1985

MARTIN, B.: Friedensinitiativen und Machtpolitik im II. Weltkrieg 1939 - 42, Düsseldorf 1974

NAZI-SOVIET RELATIONS 1939 - 41, Washington 1948

OVEN, Wilfried von: Mit Goebbels bis zum Ende, Buenos Aires 1949/50

PAYNE, Robert: The Rise and Fall of Stalin, New York 1965

PERREY, Hans-Jürgen: Der Rußland-Ausschuß der Deutschen Wirtschaft, Die deutsch-sowj. Wirtschaftsbeziehungen der Zwischenkriegszeit. München. 1985

RIBBENTROP, Joachim von: Zwischen London und Moskau — Erinnerungen und letzte Aufzeichnung, Leoni 1953

RIESSER, Hans E.: Haben die deutschen Diplomaten versagt? — Eine Kritik an der Kritik von Bismarck bis heute, Bonn 1959

RITTER, Gerhard: Carl Goerdeler und die deutsche Widerstandsbewegung, Stuttgart 1954

RULAND, B.: Deutsche Botschaft Moskau, Bayreuth 1964

SEABURY, Paul: Die Wilhelmstraße — Die Geschichte der deutschen Diplomatie 1930 - 1945, Frankfurt/M. 1956

SCHMID, Walter: Odysee 41: Die Evakuierung der deutschen Botschaft in Moskau. Erinnerungen eines Zeitzeugen, in „DAMALS", 3, 1983

---"---: Besprechung des Erinnerungsbuches von R. Nadolny, Mein Beitrag in: Osteuropa, 2/1987

SCHORSKE, Carl E.: The German Ambassadors: Dirksen and Schulenburg, in: Craig, Gordon/Gilbert, Felix: The Diplomats 1919 - 39, vol. II, New York 1963

SOMMER, Erich F.: Das Memorandum — Wie der Sowjetunion der Krieg erklärt wurde, München 1981

WEGNER, Armin T.: Fünf Finger über Dir — Aufzeichnungen einer Reise durch Rußland, den Kaukasus und Persien 1927/28, Wuppertal 1979

WOLLSTEIN, Günter: Rudolf Nadolny — Außenminister ohne Verwendung, in: Vj.-Hefte f. Zeitgeschichte 28/1980

ZELLER, Eberhard: Geist der Freiheit — der 20. Juli, München 1963

V

Personenverzeichnis

Theodor Oberländer
DER OSTEN UND DIE DEUTSCHE WEHRMACHT
SECHS DENKSCHRIFTEN AUS DEN JAHREN 1941-43 GEGEN DIE NS-KOLONIALTHESE
2
ZEITGESCHICHTLICHE BIBLIOTHEK

... enthält Band 2 sechs Denkschriften, die der damalige Oberleutnant Oberländer (und heutige Bundesminister a. D.) gegen die menschenunwürdige Behandlung der Einwohner in den von deutschen Truppen besetzten Gebieten verfaßte.

Der Herausgeber und Leiter der Zeitgeschichtlichen Forschungsstelle Ingolstadt Dr. Alfred Schickel weist in seinem Vorwort auf den bedeutsamen Zusammenhang dieser Denkschriften mit den Kriegsereignissen hin. Theodor Oberländer zeigte Wege auf, wie die Bevölkerung hätte gewonnen werden können. Doch Hitler ließ sich von seiner Untermenschen- und Kolonialisierungspolitik nicht abbringen.

Ein hochinteressantes zeitgeschichtliches Dokument, das erstmals originalgetreu lückenlos hier vorgelegt wird.

Weitere Bände sind in Vorbereitung!

„Hitler und die Atombombe" **von Dr. Helmut Joachim Fischer erscheint als Band 3 dieser Reihe.**

Bei dem zu erwartenden großen Interesse an der ZEITGESCHICHTLICHEN BIBLIOTHEK ist es ratsam, sich zu einem Abonnement zu entschließen. Im Jahr werden etwa vier Taschenbücher erscheinen.

Benutzen Sie für Ihre Bestellungen bitte die nebenstehende Bestellkarte!

Verbreiten
und abonnieren Sie die
ZEITGESCHICHTLICHE BIBLIOTHEK

Hiermit bestelle ich

.... Exemplar (e) **„Botschafter Graf Schulenburg"** (18,80 DM, öS 145,-)
.... Exemplar (e) **„Der Osten und die Deutsche Wehrmacht"** (ca. 15,80 DM, öS 115,-)

Der Rechnungsbetrag liegt bar/ als Scheck bei/ wird sofort nach Eingang der Rechnung überwiesen.*

Liefern Sie mir — bis auf Widerruf — auch die folgenden Ausgaben der „ZEITGESCHICHTLICHEN BIBLIOTHEK" (ca. 4 Taschenbücher im Jahr).

Meine Adresse (bitte gut leserlich): ....

....

Datum: .... Unterschrift: ....

Senden Sie auf meine Rechnung (meine Adresse habe ich oben angegeben) an folgende Personen je ein Exemplar **„Schulenburg"** und/oder **„Der Osten und die Deutsche Wehrmacht".**
Mein Name soll/ soll nicht genannt werden.* *Unzutreffendes streichen!

1.) ....

2.) ....

3.) ....

4.) ....

Postkarte